Cordula Löffler · Julian Heil

Weingartner Analyseraster für Spontansprachproben **WASP**

Qualitative Beobachtung von Spracherwerb und Spracherwerbsstörungen bei Kindern mit Deutsch als Erst- oder Zweitsprache

Mit Auswertungsbögen als Kopiervorlagen

isb

Bibliografische Information der
Deutschen Nationalbibliothek:
detaillierte bibliographische Daten
sind über www.dnb.d-nb.de
abrufbar.

1. Auflage 2021

www.isb-oldenburg.de/materialien.html
Gestaltung und Illustrationen: AS DESIGN, Axel Schwerda, www.as-design.de
Komplette Ökoproduktion (Biofarben, Recyclingpapier, klimaneutral gedruckt und versandt), gedruckt in Deutschland
ISBN 978-3-942122368

Inhalt

1. WASP in Kürze

Das „Weingartner Analyseraster für Spontansprachproben – WASP“ ist ein qualitatives Instrument, das Kategorien zur Auswertung von (Spontan-)Sprachproben auf der phonetischen/phonologischen (lautlichen), der morphosyntaktischen (grammatischen) sowie der semantisch-lexikalischen (wortschatzbezogenen) Sprachebene beinhaltet.

(Spontan-)Sprachproben

Für die Analyse eigenen sich (Spontan-) Sprachproben, nach Möglichkeit transkribiert. Die Sprachprobe sollte mindestens 40 Äußerungen des Kindes umfassen und in einer Situation erhoben werden, in der sich das Kind möglichst frei und umfangreich äußern kann, z. B. beim Erzählen eines Ereignisses, während einer dialogischen Bilderbuchbetrachtung (Kraus, 2005) oder beim freien Spiel (d. h. keine Gesellschafts- oder Regelspiele, die eine eingeschränkte Kommunikation bedingen). Das Kind kann in der Situation durch Fragen oder Modellierungstechniken (Motsch, 2017, 97 f.) zum (Weiter-)Sprechen motiviert werden, diese Sprachanregung hat auf die Analyse keinen Einfluss.

Zielgruppe

Kinder
Eingesetzt werden kann WASP bei Kindern mit **Deutsch als Erst- oder Zweitsprache, die Drei- und Mehrwortsätze bilden.** Bei Kindern, deren Äußerungen noch auf Zweiwortsätze beschränkt sind, kann die Analyse auf der phonetischen/phonologischen Sprachebene erfolgen, nicht aber auf der morphosyntaktischen. Auch die Analyse auf der semantisch-lexikalischen Sprachebene ist dann noch nicht aussagekräftig.

*Anwender*innen*
WASP richtet sich an Personen, die Kinder im Spracherwerb unterstützen. Dies sind zum einen pädagogische Fachkräfte im Kindergarten, hier vor allem Sprachförderkräfte, Lehrkräfte in den ersten Schuljahren, aber auch Logopäd*inn*en, Sprachheilpädagog*inn*en und Lerntherapeut*inn*en sowie Studierende im Bereich der Elementar- und Primarbildung.
WASP soll nicht als Ersatz für einen standardisierten Sprachentwicklungstest dienen. Das Verfahren fokussiert den individuellen Förder-/Therapiebedarf von Kindern auf den einzelnen Sprachebenen und kann als qualitative Analyse einen Sprachentwicklungstest ergänzen. Dies insbesondere, weil die für das Kind typische Sprache in den Blick genommen wird (Berg, 2020, 10). Die Spontansprachanalyse kann auch für Kinder genutzt werden, bei denen ein Sprachentwicklungstest, z. B. aufgrund von Verweigerung, nicht oder nur eingeschränkt durchgeführt werden konnte.

Differenzierung

WASP besteht aus drei Teilen:
1. Analyseraster Phonetik/Phonologie (Lautebene) **WASP-P**
2. Analyseraster Grammatik **WASP-G**
3. Analyseraster Semantik **WASP-S**

Die einzelnen Teile können unabhängig voneinander angewandt werden, d. h. grundsätzlich kann sich die Analyse auf nur eine oder zwei der drei Ebenen beschränken.
Soll lediglich ein Screening erfolgen, das die zentralen Aspekte der drei Sprachebenen fokussiert, kann die Kurzform **WASP-PGS** durchgeführt werden. Der Umfang der Spontansprachprobe sollte dafür allerdings nicht geringer sein als für die detaillierte Analyse.

2. Zur Entstehung des WASP

2.1 Entwicklung des Analyserasters im Forschungsprojekt allE

Das Analyseraster ist im Kontext des Evaluationsprojekts „Gelingensbedingungen alltagsintegrierter sprachlicher Bildung im Elementarbereich“ (allE) entstanden. Das Projekt allE untersuchte die Wirksamkeit unterschiedlicher Weiterbildungskonzepte zur alltagsintegrierten Sprachförderung in drei Bundesländern (Nordrhein-Westfalen, Rheinland-Pfalz und Baden-Württemberg) und nahm die Sprachförderarbeit von 84 Fachkräften in 27 Kindertagesstätten in den Blick (Beckerle et al., 2018; Mackowiak et al., 2018). Gefördert wurde das Projekt (Laufzeit 01.09.2015 bis 31.12.2018) im Rahmen der Bund-Länder-Initiative „Bildung durch Sprache und Schrift (BiSS)“ (https://biss-sprachbildung.de/).

An dieser Stelle sei den Kolleginnen des Projekts allE für die Unterstützung und konstruktive Rückmeldung gedankt: Prof. Dr. Katja Mackowiak (Gesamtleitung) und Dr. Christine Beckerle von der Leibniz Universität Hannover, Prof. Dr. Katja Koch und Tina von Dapper-Saalfels von der TU Braunschweig sowie Ina Pauer, die an der PH Weingarten bis Mai 2017 im Projekt mitgearbeitet und das Analyseraster bei seinen ersten Schritten begleitet hat.

2.2 Entwicklung und Einsatz des Analyserasters

Im Forschungsprojekt allE wurden die sprachlichen Kompetenzen der Kindergartenkinder, deren betreuende Fachkräfte am Projekt teilnahmen, zu zwei Messzeitpunkten mit dem SETK 3–5 (Grimm, 2015) getestet. Die 84 teilnehmenden Fachkräfte wählten aus ihren Gruppen jeweils ein Kind im Alter von 3–5 Jahren aus, das nach ihrer persönlichen Einschätzung sprachlich auffällig war. Die Fachkräfte wurden zur Beurteilung ihrer Sprachförderkompetenz bei einer Bilderbuchbetrachtung mit diesem Kind gefilmt. Diese Videos wurden gleichzeitig als Sprachprobe der Kinder genutzt und dienten als Basis für die Transkripte, die mit Hilfe des im Projekt entwickelten Rasters analysiert wurden. In der Anwendung wurde das Analyseraster stetig weiterentwickelt. Für die vorliegende Veröffentlichung wurde es zur besseren Handhabbarkeit zum einen gekürzt und zum anderen in die drei Teile WASP-P, WASP-G und WASP-S unterteilt.

Für das Projekt wurden in jeder Kategorie jeweils die richtigen und falschen Äußerungen gezählt, um in jeder Kategorie einen Fehlerprozentwert zu ermitteln. Da das Ziel des WASP weniger der Vergleich des Sprachstands eines Kindes von einem zum nächsten Messzeitpunkt ist, sondern die Ableitung von Förderzielen im Vordergrund steht, soll diese Zählung hier entfallen. Die Zählung aller korrekten Äußerungen in jeder Kategorie ist zudem sehr zeitaufwendig. Stattdessen erfolgt beim WASP eine Zuordnung zu den Meilensteinen des Spracherwerbs (s. Kap. 3).

Der jetzige Stand der Entwicklung des Analyserasters muss nicht der letzte sein. An Rückmeldungen zur Handhabung und Abgrenzung der Kategorien sind wir sehr interessiert, gerne per Mail an Cordula Löffler unter loeffler@ph-weingarten.de.

3. Spracherwerb und mögliche Schwierigkeiten

Damit die Kategorisierung des WASP nachvollziehbar ist, soll der Spracherwerb auf den im Analyseraster berücksichtigten Sprachebenen kurz skizziert werden. Eine umfassende Darstellung des Spracherwerbs und möglicher Störungsbilder findet sich z. B. bei Mayer/Ulrich (2017), im Handbuch von Kannengieser (2019) und in Sachse et al. (2020).

3.1 Meilensteine des Spracherwerbs bei ein- und mehrsprachigen Kindern

Die Meilensteine des Spracherwerbs auf den drei Sprachebenen Phonetik/Phonologie, Morphologie/Syntax sowie Semantik/Lexikon dienen der WASP-Auswertung als Orientierung.

3.1.1 Phonetische/phonologische Sprachebene: Lauterwerb

Auf der Sprachebene der Phonetik/Phonologie wird einerseits der Lauterwerb beschrieben, also die korrekte *Produktion* von Lauten (Phonetik), und andererseits der Erwerb des phonologischen Systems, also die korrekte *Verwendung* von Lauten (Phonologie) (Fox, 2011). Im Folgenden wird erst der Lauterwerb (korrekte Produktion) erläutert, im Anschluss der Erwerb des phonologischen Systems (korrekte Verwendung).

Das Erzeugen von sprachlichen Lauten unterliegt einem komplexen und gut koordinierten Ablauf. An der Lautbildung sind eine Vielzahl von Organen beteiligt, dabei nimmt das Atmungssystem eine zentrale Funktion ein. Die Lunge bildet einen Luftstrom, der über das Ansatzrohr, also vom Kehlkopf bis zu den Lippen bzw. der Nase, aus dem Körper entweicht (Fiukowski, 2004).

Laute werden zunächst in Vokale und Konsonanten unterschieden. Bei den Vokalen wird der Luftstrom, wenn er den Kehlkopf passiert hat, kaum noch behindert; lediglich die Zungenlage, Zungenhöhe und die Lippenformung beeinflussen, welcher Vokal produziert wird (Graefen/Liedke-Göbel, 2020). Gewöhnlich beherrschen Kinder die Vokale der deutschen Sprache bereits zum Abschluss des ersten Lebensjahres (Bunse, 2014). Anders als bei den Vokalen kann der Luftstrom bei den Konsonanten nicht ungehindert den Mundraum passieren. Um unterschiedliche Laute zu produzieren, wird der Luftstrom im Mund-Rachenraum durch unterschiedliche Organe manipuliert. Er wird an verschiedenen Artikulationsorten mit verschiedenen Artikulationsarten gehemmt oder unterbrochen (Weinrich/Zehner, 2017), z. B. entsteht der Konsonant [l] indem sich die Zungenspitze an den Zahndamm (Alveolen) drückt und der Luftstrom an beiden Seiten die Zungenränder passiert. An diesem Beispiel zeigen sich die Bedeutung von Artikulationsorgan und Artikulationsstelle: Dabei werden die lautbildende Hemmstelle (Artikulationsstelle) und das für die Hemmstelle verantwortliche Organ (Artikulationsorgan) zum *Artikulationsort* zusammengefasst (s. Abb. 1/ Tab. 1). Wie die Hemmstelle gebildet (Artikulationsmodus) und wie sie überwunden (Überwindungsmodus) wird, beschreibt die *Artikulationsart*; z. B. entsteht der Konsonant [b], indem der Luftstrom durch das Verschließen der Lippen kurz gestaut wird und durch deren Öffnung explosionsartig entweichen kann.

Ebenso ist es von Bedeutung, ob die Stimmbänder in Schwingung geraten oder nicht: Bei den *stimmhaften* Lauten (Lenes) wie [b], [d], [g] schwingen die Stimmbänder mit, bei *stimmlosen* Lauten (Fortes) wie [p], [t], [k] geraten die Stimmbänder nicht in Schwingung (Fiukowski, 2004; Weinrich/Zehner, 2017; Tab. 2).

Die Analyse auf lautlicher Ebene erfordert das Bewusstsein, an welchem Artikulationsort und auf welche Art ein Laut artikuliert wird. Für Leser*innen, die in diesem Bereich noch wenig Erfahrung haben, sind die folgenden Erläuterungen möglicherweise leichter nachzuvollziehen, wenn zur Bewusstmachung der Lautproduktion die eigene Artikulation beobachtet wird.

Bei der Ermittlung des Artikulationsortes wird der Mundraum in mehrere Bereiche untergliedert (Abb. 1).

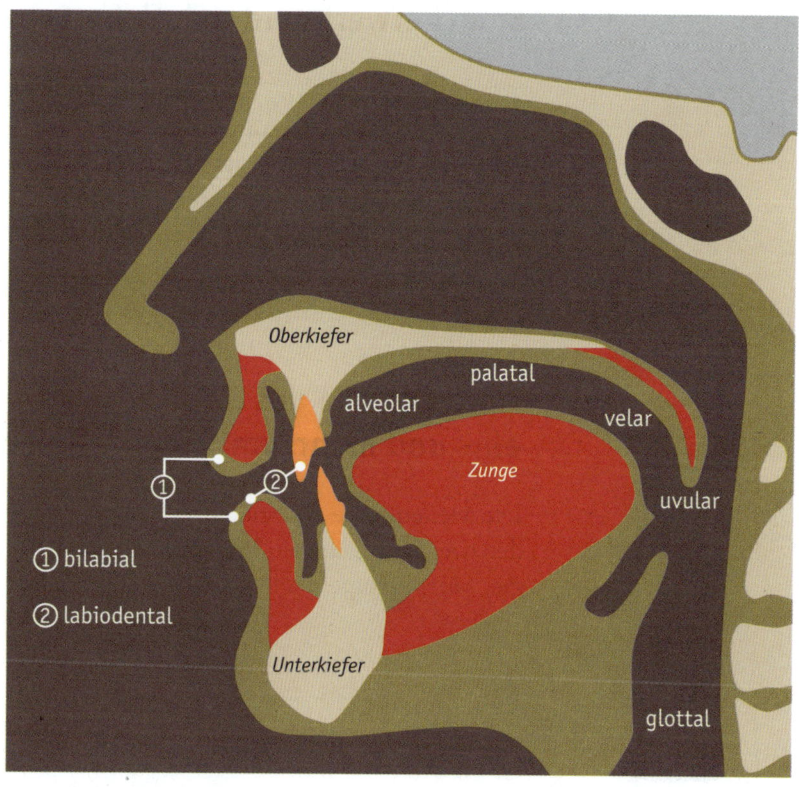

Abb. 1: Artikulationsorte

Die Konsonanten lassen sich den Artikulationsorten wie folgt zuordnen:

Lautbezeichnung nach Artikulationsort	Beschreibung der Artikulation	Konsonant
Bilabial	Kontakt von Unterlippe und Oberlippe	[b], [p], [m]
Labiodental	Kontakt von Unterlippe und Schneidezähnen	[f], [v]
Alveolar*	Kontakt von Zungenspitze und Zahndamm	[t], [d], [n], [l], [r], [s], [z], [ts], [ʃ]
Palatal	Kontakt des mittleren Abschnitts der Zunge mit dem harten Gaumen	[ç] [j]
Velar	Kontakt des hinteren Zungenteils mit dem hinteren weichen Gaumen	[k], [g], [ŋ], [x]
Uvular	Bildung durch die Vibration am Zäpfchen	[ʀ]
Glottal	Bildung im Rachen-/Kehlkopfbereich	[h]

* Alveolare können aus rein physiologischer Sicht in dento-alveolar und palato-alveolar eingeteilt werden (Hacker/Wilgermein, 2001). Allerdings wird meist davon abgesehen, da es lediglich die Unterscheidung von [z] / [s] und [ʃ] betrifft. Artikulatorisch betrachtet wird [ʃ] im Mundraum etwas weiter hinten gebildet als [z] / [s].

Tab. 1: Beschreibung der Artikulationsorte

Bei der Ermittlung der Artikulationsart ist ausschlaggebend, ob der Luftstrom gehemmt oder unterbrochen wird, und wie es gelingt, das dadurch entstandene Hindernis zu überwinden.

Plosive: Bei den Plosiven handelt es sich um Verschluss- bzw. Explosivlaute. Der Luftstrom staut sich durch einen kompletten Verschluss des Artikulationsortes und wird plötzlich durch eine Öffnung freigegeben. Plosive können entweder stimmhaft (Lenes) oder stimmlos (Fortes) sein.

- Stimmlose Plosive: [p], [t], [k]
- Stimmhafte Plosive: [b], [d], [g]

Frikative: Die Frikative werden gebildet, indem der Luftstrom durch eine schmale Enge gedrückt wird. Diese Reibung im Mundraum erzeugt einen Frikativ (Reibe- oder Engelaut). Ebenso wie bei den Plosiven wird auch bei den Frikativen zwischen stimmhaft (Lenes) und stimmlos (Fortes) unterschieden.

- Stimmlose Frikative: [f], [s], [ʃ], [ç], [x], [h]
- Stimmhafte Frikative: [v], [z], [j], [ʁ]

Nasale: Wie bei den Plosiven ist der Mundraum bei den Nasalen komplett verschlossen. Das Gaumensegel (Velum) ist jedoch gleichzeitig gesenkt, sodass die Luft durch die Nase strömt und sich dabei ein Laut bildet.

- Nasale: [m], [n], [ŋ]

Lateral: Die Zungenspitze legt sich an den Zahndamm und die Luft strömt seitlich an der Zunge vorbei.

- Lateral: [l]

Vibranten: Die Vibranten bilden sich, indem der Luftstrom zeitweilig durch die Zunge unterbrochen oder das Zäpfchen durch den Luftstrom in Schwingung gebracht wird.

- Vibranten: [r], [ʀ]

Affrikaten: Affrikaten sind eine Kombination aus benachbarten Plosiven und Frikativen. Der Luftstrom wird kurz blockiert und anschließend wieder gelockert, sodass die Luft als Reibe-Engelaut entweicht.

- Affrikaten: [pf], [ts]

Phonetische Schreibweise	Beispielwort	Artikulationsort	Artikulationsart	stimmhaft/stimmlos
[b]	**B**am**b**us	Bilabial	Plosiv	stimmhaft
[p]	**P**u**pp**e	Bilabial	Plosiv	stimmlos
[m]	**M**ur**m**el	Bilabial	Nasal	stimmhaft
[pf]	**Pf**erd	Labial	Affrikate	stimmlos
[f]	**F**amilie	Labiodental	Frikativ	stimmlos
[v]	**W**aage	Labiodental	Frikativ	stimmhaft
[t]	**T**rompe**t**e	Alveolar	Plosiv	stimmlos
[d]	**D**ach	Alveolar	Plosiv	stimmhaft
[n]	**n**ei**n**	Alveolar	Nasal	stimmhaft
[l]	**L**ampe	Alveolar	Lateral	stimmhaft
[r]	**R**ad (Zungenspitzen-r, regional)	Alveolar	Vibrant	stimmhaft
[s]	gro**ß**	Alveolar	Frikativ	stimmlos
[z]	**S**onne	Alveolar	Frikativ	stimmhaft
[ts]	**Z**unge	Alveolar	Affrikate	stimmlos
[ʃ]	**Sch**uhe	Alveolar	Frikativ	stimmlos
[ç]	i**ch**	Palatal	Frikativ	stimmlos
[j]	**J**upiter	Palatal	Frikativ	stimmhaft
[k]	**K**o**ch**	Velar	Plosiv	stimmlos
[g]	**G**arten	Velar	Plosiv	stimmhaft
[ŋ]	fa**ng**en	Velar	Nasal	stimmhaft
[x]	Ba**ch**	Velar	Frikativ	stimmlos
[ʀ]	**R**ad (Zäpfchen-r)	Uvular	Vibrant	stimmhaft
[ʁ]	No**r**den	Uvular	Frikativ	stimmhaft
[h]	**h**allo	Glottal	Frikativ	stimmlos

Tab. 2: Zuordnung Artikulationsorte und Artikulationsarten mit Beispielen

Die Entwicklung des phonologischen Systems

Bereits Jakobson (1969, 19) beschreibt eine hohe Systematik beim kindlichen Lauterwerb. Bestehen die präverbalen Äußerungen von Kindern in den ersten sieben bis acht Lebenswochen aus Schreien und Gurren in unterschiedlichen Tonhöhen und Lautstärken, explorieren sie ab dem dritten bis zum zwölften Lebensmonat alle denkbaren Laute (Weinrich/Zehner, 2017, 30; Rohlfing, 2019, 121 ff.). Durch das Bedürfnis, an Konversationen teilzunehmen und sich mitzuteilen, sind Kinder motiviert ausschließlich Laute ihrer Umgebungssprache zu verwenden (Jakobson, 1969, 25). Bis zum ersten Geburtstag hat ein Kind in der Regel alle Vokale erlernt und beginnt dann mit der gezielten Bildung von Konsonanten (Bunse, 2014, 67).

Produziert ein Kind Laute nicht mehr nur willkürlich, sondern lernt Laute an der richtigen Stelle im Wort zu verwenden, entwickelt sich beim Kind das phonologische System. In diesem Erwerbskontext werden *Phoneme* definiert als im Sinne des phonologischen Systems korrekt eingesetzte Laute (Fox, 2011, 25). Dabei erwirbt das Kind neben den Vokalen zunächst die Konsonanten, die im vorderen Mundraum gebildet werden (Jakobson, 1969, 69), also Bilabiale (/p/, /b/, /m/) und Alveolare (/n/, /d/). So entstehen mit ca. einem Jahr erste „Wörter" durch Dopplung einfacher Silben (z. B. *Mama* oder *Papa*) oder durch einfache Konsonant-Vokal-Abfolgen (z. B. *nein, da*) (Bunse, 2014, 68). Mit 2½ bis 3 Jahren bildet das Kind die Labiodentale /f/ und /v/. Alveolar werden /t/, /l/ und /s/, /z/ erlernt, velar /k/, /ŋ/ sowie /x/ und glottal /h/ (Fox, 2011, 63). Der Lauterwerb vollzieht sich sozusagen vom vorderen zum hinteren Mundraum. Im nächsten Entwicklungsschritt (bis 3½ Jahre) erwerben die Kinder weitere Phoneme: bilabial /pf/, palatal /j/, velar /g/ und uvular /ʁ/ (Fox, 2011, 63 f.). Des Weiteren ist das Kind nach Fox (2011, 66) nun in der Lage, Konsonanten am Wortanfang sicher miteinander zu verbinden, d. h. das Kind bildet wortinitiale Konsonantenverbindungen überwiegend korrekt. Bis zu ihrem vierten Geburtstag erlernen Kinder die Affrikate /ts/. In ihrem fünften Lebensjahr bilden Kinder zunächst den Palatal /ç/ und anschließend den Alveolar /ʃ/. Bis zur Einschulung haben die meisten Kinder alle Phoneme erworben und können auch komplexe Wörter (z. B. Einfaltspinsel und Firlefanz) richtig aussprechen. Phoneme, bei denen es auch jenseits des fünften Lebensjahres immer wieder zu Fehlern kommen kann, sind die Sibilanten (/s/, /z/, /ts/). Fox (2011, 75) weist darauf hin, dass Kinder diese Konsonanten auch in der Schule zum Teil noch fehlerhaft produzieren. Aus diesem Grund sind diese in Tabelle 3 mit einem * gekennzeichnet. Dass Kinder einzelne Phoneme vor dem angegebenen Alter verwenden, ist nicht ungewöhnlich. Bereits Jakobson (1969, 28 ff.) beschreibt, dass sich Kinder an den sprachlichen Angeboten in ihrer Umgebung orientieren.

In Tabelle 3 ist dargestellt, ab wann 90 % der Kinder ein Phonem in mindestens ⅔ der Fälle korrekt verwenden und somit davon ausgegangen werden kann, dass sie das Phonem in ihr phonologisches System aufgenommen haben (Fox, 2011, 64).

Alter [Jahre; Monate]	**Erworbene(r) Laut(e)**	**Beispiel**
ca. 1;0	a, e, i, o, u … (alle Vokale)	**aua**
1;6 – 1;11	m, p, d	**M**a**m**a, **P**a**p**a, **d**a
2;0 – 2;5	b, n	**B**all, Ma**nn**
2;6 – 2;11	v, f, l, t, ŋ, x, h, k, s/z*	**W**elle, **F**al**t**er, **L**u**ng**e, Ba**ch**, **H**au**s**, Par**k**
3;0 – 3;5	j, ʁ, g, pf	**J**un**g**e, G**r**as, **Pf**laume
3;6 – 3;11	ts*	**Z**oo
4;0 – 4;5	ç	i**ch**
4;6 – 4;11	ʃ	**sch**ön

Tab. 3: Phonem-Erwerb, 90%-Kriterium nach Fox (2011, 64), erweitert um Vokale

Das Aussprechen immer komplexerer Silben oder Wörter gelingt in den einzelnen Stadien nicht plötzlich von alleine. Kinder erwerben die komplexeren Strukturen zunächst über einen lautlich vereinfachten Wortgebrauch. Mit Bezug auf Ingram (1976, zitiert nach Hacker, 2002, 22) bezeichnet Hacker (ebd.) diese Vereinfachungen von Wortstrukturen als *phonologische Prozesse*. Phonologische Prozesse treten systematisch auf und können somit systematisch dargestellt werden. Die Unterteilung wird in zwei verschiedene Bereiche vorgenommen: *Silbenstrukturprozesse* (Veränderungen der Silben- und Strukturmerkmale, SP) und *Substitutionsprozesse* (*Ersetzungsprozesse*, EP). Silbenstrukturprozesse beziehen sich auf Wort- und Silbenstrukturen eines Wortes, die vom Kind systematisch vereinfacht werden, d. h. das Kind spricht bei einem Wort nicht alle Silben bzw. Phoneme aus. Beispielsweise verringern Kinder aufeinanderfolgende Konsonanten auf einen Konsonanten, den sie bereits aussprechen können: *Blatt* wird so zu „Batt" oder „Lat", *schlafen* zu „lafen"; dies wird als *Reduktion der Mehrfachkonsonanz* bezeichnet. Ein bei jüngeren Kindern häufiger Prozess ist die *Vereinfachung von mehrsilbigen Wörtern*. Bei diesem Prozess werden die unbetonten Silben der Wörter ausgelassen: *Banane* wird zu „Nane", *Schokolade* zu „Lade", *kaputt* zu „putt". Bei einem Substitutionsprozess/Ersetzungsprozess wird ein Phonem oder eine Gruppe von Phonemen durch ein anderes Phonem oder eine andere Gruppe von Phonemen ersetzt. Zum Beispiel bildet das Kind bei einer *Alveolarisierung (Vorverlagerung)* statt eines Velars (am weichen Gaumen) einen Alveolar (am harten Gaumen). Möchte es beispielsweise *klein* sagen, verlagert aber den Artikulationsort nach vorne an den weichen Gaumen, weil es beispielsweise /k/ in einer Konsonantenverbindung noch nicht bilden kann, wird aus dem /k/ ein [t] und aus ***k**lein* „**t**lein". Substituierungen/Ersetzungen können auch Lautklassen (z. B. Plosive, Frikative) betreffen. Bei einer solchen Veränderung der Artikulationsart ersetzt das Kind beispielsweise konsequent die Frikative durch Plosive, ohne jedoch den Ort zu wechseln: *Socke* wird zu „Docke", *Schal* zu „Dal", *Fuß* zu „Duß".

Diese Prozesse werden mit dem Spracherwerb sukzessive überwunden und können bis zu einem bestimmten Alter als entwicklungstypisch angesehen werden. Bisher gibt es allerdings nur wenige Befunde dazu, in welchem Alter einzelne Prozesse vollständig verschwinden, hier sind vor allen die Analysen von Fox (2011, 66 ff.) zu nennen. Wann welcher Prozess auftreten kann, wird in Tabelle 4 zusammengefasst.

Um für die Analysen auf ein schematisches Raster zurückgreifen zu können, werden die Prozesse nach Zeitpunkt ihres häufigsten Auftretens (Fox, 2011) zu *Meilensteinen* zusammengefasst.

Diese Meilensteine der phonologischen Entwicklung sind nach Alter gestaffelt: Prozesse, welche im Alter von 2–3 Jahren typisch sind, werden dem Meilenstein I zugeordnet; Prozesse, welche im Alter von 3–4 Jahren typisch sind, werden dem Meilenstein II zugeordnet; Prozesse, welche im Alter von 4–5 Jahren typisch sind, werden dem Meilenstein III zugeordnet.

Neben den phonologischen Prozessen können organisch bedingte *phonetische Fehlbildungen von Lauten* auftreten. Das heißt, dass ein Laut aufgrund der mundmotorischen Entwicklung noch nicht korrekt gebildet wird. Eine phonetische Fehlbildung zeigt sich bei verschiedenen Lauten, z. B. bei den Lauten [s], [ʃ], [b], [f], [l], [d], [t], [r]. Erst wenn ein Kind einen Laut durchgehend nicht korrekt bildet und auch isoliert nicht bilden kann, gilt dies als phonetische Fehlbildung (Fox, 2011; Weinrich/Zehner, 2017). Von einer Fehlbildung sind häufig die Sibilanten [s], [z] und [ʃ] betroffen. Der *Sigmatismus*, die Fehlbildung der s-Laute ([z], [s]), ist in der Umgangssprache als „Lispeln" bekannt. Dabei berührt die Zunge bei der Produktion von [z] oder [s] die Zähne bzw. schiebt sich zwischen die Zähne (Hoffschildt, 2014). Ein Sigmatismus tritt bei jedem dritten Kind bis sechs Jahre und bei jedem vierten Kind im Alter von acht bis zehn Jahren auf (Fox, 2011, 75).

Alter	Phonologische Prozesse	Erklärung	Beispiel	SP/ EP*	Meilenstein
bis 2½ Jahre	Auslassung (finaler) Konsonanten	Konsonant – meist ein finaler – wird ausgelassen	was > „wa"	SP	I
	Vorverlagerung /ŋ/	/ŋ/ wird durch /n/ ersetzt	Schlange > „Schlane"	EP	
	Plosivierung	ein Frikativ wird durch einen Plosiv ersetzt	Dach > „Dak"	EP	
	glottale Ersetzung /h/	Phonem wird durch /h/ ersetzt	raus > „haus"	EP	
bis 3 Jahre	Auslassung unbetonter Silben	bei einem mehrsilbigen Wort wird eine unbetonte Silbe ausgelassen	Banane > „Nane"	SP	I
	Deaffrizierung	Affrikate wird auf den Frikativ reduziert	Katze > „Kaße"	EP	
bis 3½ Jahre	Vorverlagerung /k/, /g/	/g/ oder /k/ werden durch ein weiter vorne gebildetes Phonem ersetzt	Kamm > „Tamm" groß > „droß"	EP	II
	Rückverlagerung /ʃ/	/ʃ/ wird durch /ç/ ersetzt	Fisch > „Fich"	EP	
bis 4 Jahre	Reduktion der Mehrfachkonsonanz	innerhalb einer Konsonantenhäufung wird ein Konsonant ausgelassen	Frosch > „Fosch"	SP	II
	Assimilation	Phonem wird an ein anderes Phonem angeglichen	Fuß > „Fuf"	EP	
bis 4½ Jahre	Lenisierung/ Fortisierung	stimmloses Phonem wird durch sein stimmhaftes Gegenstück ersetzt, bei einer Fortisierung geschieht das Gegenteil	Flocke > „Flogge" Baum > „Paum"	EP	III
bis 5 Jahre	Vorverlagerung /ʃ/, /ç/	/ʃ/ oder /ç/werden durch /s/ oder /f/ ersetzt	Schal > „Sal" dich > „dif"	EP	III

* SP: Silbenstrukturprozesse, EP: Ersetzungsprozesse

Tab. 4: Phonologische Prozesse nach Fox (2011, 68)

3.1.2 Morphosyntaktische Sprachebene: Grammatikerwerb

Der Spracherwerb auf der morphosyntaktischen Ebene, also der Erwerb der Grammatik, umfasst Satzbau (*Syntax*) und Wortbildung (*Morphologie*). Auch der Grammatikerwerb erfolgt in der Sprachanwendung.

Kinder erwerben neben einzelnen Wörtern, die sie sukzessive zu immer längeren Äußerungen kombinieren können, auch Ausdrücke oder Phrasen, die sie als Ganzheiten (z. B. „weißichnich", „lassdas") übernehmen und gehäuft verwenden (Kaltenbacher, 1990). Im Verlauf des Spracherwerbs erweitern sie diese Ganzheiten, z. B. „auch haben" zu „Eis auch haben", „Tom auch haben" und passen sie so neuen sprachlichen Handlungskontexten an: „Tom auch trinken". Solche Ganzheiten werden wiederum aufgeschlüsselt, um die einzelnen Wörter in anderen Zusammenhängen zu verwenden oder aber die sprachlichen Muster auf andere sprachliche Handlungszusammenhänge zu übertragen. Der Transfer solcher Muster gelingt schrittweise. Zunächst werden die Ganzheiten in ähnlichen Kontexten genutzt. Abstraktionsprozesse ermöglichen es, den Anwendungsbereich der sprachlichen Muster zu erweitern (Tomasello, 2008). Dies gilt einerseits für die Verwendung einzelner Wörter in anderen Kontexten und andererseits für die Übertragung von Flexionsmustern auf andere Wörter sowie die Übertragung von Satzmustern auf immer neue Inhalte. Bedeutsam ist im Grammatikerwerb nicht nur die quantitative Entwicklung, also das Ansteigen der Satzlänge. Beim Erwerb der Syntax stehen Stellung und Form des Verbs im Vordergrund, für die Morphologie der Erwerb der Flexionsmorpheme (v. a. Endungen bei Verbformen, Plural und Kasus). Während Kinder im Alter von zwei Jahren das Verb im Infinitiv an das Satzende stellen („Tom Ball spielen"), können sie oft schon mit 2½ Jahren das Verb konjugieren und an die richtige Position im Satz setzen („Tom spielt Ball") (Clahsen, 1982). Dass Kinder nicht nur Gehörtes reproduzieren, sondern eigenaktiv Strukturen ableiten, lässt sich beim Grammatikerwerb vor allem an Übergeneralisierungen erkennen, z. B. bei der Aneignung der Vergangenheit sind Übergeneralisierungen wie „ich habe geschreibt" – analog zu *gemalt* – häufig.

Das zentrale Element beim Erwerb der Syntax ist folglich die Verbstellung, genauer die Besetzung des linken und rechten Verbfeldes im Satz (Granzow-Emden, 2014, 61 ff.), die häufig als Verb- oder Satzklammer bezeichnet wird. In der deutschen Grammatik ist die Stellung des Verbs bzw. die Verbklammer festgelegt, alle anderen Satzglieder sind – abhängig von der Bedeutung – weitestgehend flexibel (Tab. 5). In Tabelle 6 ist anhand eines Satzbeispiels in vereinfachter Weise der Entwicklungsverlauf mit (leicht modifiziertem) Bezug zu den Meilensteinen des Spracherwerbs nach Tracy (2008) dargestellt.

Zu Beginn des Spracherwerbs drücken Kinder mit Ein-Wort-Sätzen ganze Satzbedeutungen aus: „Auto" kann z. B. bedeuten „Das ist mein Auto!" oder „Gib mir das Auto!" oder eben „Mama fährt mit dem Auto (weg).". Innerhalb des folgenden Erwerbsschrittes kombinieren Kinder zwei Wörter miteinander. Das Verb steht in dieser Phase in der Grundform und oft am Ende der Äußerung, z. B. „Auto fahren". Denselben Inhalt könnte das Kind jedoch auch durch „Mama Auto" ausdrücken. Im nächsten Schritt kann das Kind bereits drei Wörter kombinieren, z. B. „Mama Auto fahren", setzt das Verb aber weiterhin an das Ende seiner Äußerung. Ein Indiz für einen qualitativen Sprung ist es, wenn das Kind – mit ca. 2 ½ Jahren – das Verb in seiner richtigen Personalform in der richtigen Position des Satzes verwendet: „Mama fährt Auto.". Hier beginnt der eigentliche Grammatikerwerb, denn erst jetzt werden Strukturen der Zielsprache berücksichtigt. Dreijährigen gelingt bereits die Trennung von Verben wie „wegfahren" oder auch die Verwendung des Perfekts. Dazu müssen beide Verbfelder besetzt und der gesamte Satz im Blick behalten werden: „mit dem Auto" muss zwischen „fährt" und „weg" bzw. zwischen „ist" und „gefahren" gesetzt werden („Mama fährt mit dem Auto weg.", „Mama ist mit dem Auto gefahren."). Gleichzeitig verwenden Kinder auch Funktionswörter wie Artikel und Präpositionen, z. B. „auf die Kiste". Das Kasussystem wird bis zum vierten Lebensjahr ausgebaut. Meist wird zunächst der Akkusativ, dann der Dativ erworben. Schwierigkeiten bereitet bei der richtigen Verwendung des Dativs darüber hinaus die Unterschei-

Vorfeld	linkes Verbfeld	Mittelfeld	rechtes Verbfeld	Nachfeld
Der Hund	hat	die Schüssel	ausgeschleckt,	weil er großen Hunger hatte.
Der Hund	schleckte	die Schüssel	aus,	weil er großen Hunger hatte.
Weil er großen Hunger hatte,	hat	der Hund	die Schüssel	ausgeschleckt.
Der Hund	kann	die Schüssel	ausschlecken,	weil er eine lange Zunge hat.

Tab. 5: Beispiel zur Besetzung des linken und rechten Verbfeldes

Alter	Beschreibung	Beispiel	Meilenstein
1 Jahr	Einwortsätze	Ball	I
1½ - 2 Jahre	Verbindung von zwei Elementen	Auto fahren Mama Auto	II
2 - 2½ Jahre	Mehrwortsätze mit Verbendstellung, Verb infinit	Mama Auto wegfahren	II
2½ - 3 Jahre	Mehrwortsätze mit finitem Verb in Verbzweitstellung (linkes Verbfeld besetzt)	Mama fährt Auto.	III
3 - 3½ Jahre	Mehrwortsätze mit korrekter Satzstellung und Trennung des finiten Verbs bzw. Verwendung von Hilfsverben/Auxiliaren (beide Verbfelder besetzt)	Mama fährt mit den Auto weg. Mama will mit dem Auto fahren. Mama ist mit dem Auto gefahren. Wohin ist Mama mit dem Auto gefahren?	III
3½ - 4 Jahre	Haupt- und Nebensätze, Kasus korrekt, Verb steht im Nebensatz im rechten Verbfeld	Mama fährt mit dem Auto weg, weil sie zur Arbeit muss.	IV

Tab. 6: Vereinfachtes Beispiel zum Spracherwerb auf der morphosyntaktischen Ebene, Meilensteine nach Tracy (2008)

dung von *den/dem* (Ulrich et al., 2016). Für Dreijährige ist daher die Form „mit den Auto" typisch. Im Alter von vier Jahren können Kinder in der Regel bereits Haupt- und Nebensätze verknüpfen, die Verwendung der Konjunktionen ist zu diesem Zeitpunkt jedoch noch eingeschränkt (additiv, kausal, temporal: und, weil, dann ...). Bis zur Einschulung sollten Kinder demnach korrekte Satzgefüge bilden können („Heute holt mich meine Tante ab, weil meine Mama arbeiten muss."). Clahsen (1982) rückt neben der Verbstellung auch die Verwendung der Wortarten in den Fokus und berücksichtigt bei seiner Beschreibung des Grammatikerwerbs, die er aus einer eigenen Studie hergeleitet hat, sowohl die Äußerungslänge als auch die qualitativen Veränderungen. Clahsen (1982) gliedert den Grammatikerwerb in fünf Phasen (zusammenfassend auch z. B. in Kannengieser, 2019, 171 f.), die hier mit weiteren Beispielen illustriert werden:

Phase 1: Einwortphase – Vorläufer der Syntax (1;0–1;6 Jahre)
- produktives Lexikon von 50 Wörtern
- hinweisende Elemente („da")
- Protowörter (selbst erfundene, stabile Platzhalter, z. B. „Dudu" für *Auto*)
- Gebrauch von Einwortäußerungen (Holophrasen), die für eine komplette Phrase oder einen ganzen Satz stehen („Ball" für „mein Ball", „gib mir den Ball")

Phase 2: Zweiwortphase – Erwerb des syntaktischen Prinzips (1;6–2;0 Jahre)
- unterschiedliche Kombinationen aus meist zwei Wörtern („Schaukel putt", „Wauwau bös", „Julia Schere")
- vorwiegend Inhaltswörter (*Ball, Hund)*, weniger Funktionswörter (Präpositionen: *auf, unter*; Pronomen: *ich, mein*)
- Wörter werden immer in der Grundform verwendet (*Baum, sitzen, haben*)
- verbale Elemente überwiegend am Satzende („Stuhl sitzen", „Lego haben")
- Verneinung durch „nein" („nein Wauwau")

Phase 3: Vorläufer der Grammatik einer bestimmten Zielsprache (2;0–2;6 Jahre)
- Äußerungslänge: drei und mehr Wörter
- Kinder orientieren sich an den Wortstellungsregeln, die sie im Input vorfinden
- Ergänzungen (Adverbiale: „*gleich* Buch vorlesen")
- Zweitstellung des Verbs in einfachen Sätzen (*Mama fährt Auto*).
- Ansteigen korrekter Verbflexionen, vor allem 1. und 3. Person Singular und Plural, aber viele Übergeneralisierungen von Stamm- und Infinitivform
- Anstieg der Subjekt-Verb-Kongruenz (Übereinstimmung von Subjekt und Verbform: *Mama fährt, Hund bellt, ich hole*)
- erste Verwendung von Hilfsverben: Modalverben (*können, wollen, dürfen*); Auxiliare (Hilfsverben *haben* und *sein* zur Bildung von Verbformen), d. h. auch Perfekt kann vereinzelt gebildet werden
- Verneinung durch „nicht"; die Negationspartikel steht vor oder hinter dem Verb („Auto nicht darf")
- besitzanzeigender Genitiv (*Mamas Buch*)

Phase 4: Erwerb syntaktischer Besonderheiten der Zielsprache (3;0–3;6 Jahre)
- Wortstellung bei einfachen Sätzen in den meisten Fällen korrekt
- grammatische Funktionswörter (Präpositionen, Pronomen) werden verwendet
- Adverbiale auch zwischen Verb und Objekt („gleich macht er *einmal* Krach")
- infinite und finite Verben tauchen auf (*fahren, fährt, ist gefahren*)
- Verb auch in 2. Person Singular (*du kannst*)
- Auflösung zusammengesetzter Verben (der Turm *fällt* gleich *um*)
- Flexionsendungen größtenteils vorhanden, sie werden nur bisweilen falsch zugeordnet
- Präteritum, zunächst bei Hilfsverben
- bei Entscheidungsfragen Verb am Satzanfang (*Kannst du das reparieren?*)

Phase 5: Komplexe Sätze (ab 3;6 Jahren)
- mehrere Teilsätze, sowohl gleichgeordnet als auch nebengeordnet
- anfangs Beschränkung auf wenige Typen semantischer Relationen: additiv, kausal, temporal (*und, weil, dann ...*)
- richtige Verwendung des Dativs am Ende der Phase, d. h. frühestens mit 4 Jahren

Die Skizzierung von Clahsen (1982) ist als Beschreibung zu verstehen, von der ein individueller Erwerb abweichen kann. Auch die Altersangaben sind eher grob, sodass Verschiebungen normal sind. Kannengieser (2019, 170) weist auch darauf hin, dass es Überlappungen der Phasen gibt, d. h. ein Phänomen, das einer späteren Phase zuzuordnen ist, kann bei einzelnen Kindern durchaus in einer früheren Phase beobachtbar sein, z. B. kann der Dativ bereits in Phase 4 auftreten. Die von Clahsen (1982) dargestellte Erwerbsreihenfolge wurde von einigen Untersuchungen bestätigt, andere Untersuchungen stellen zu einzelnen grammatischen Phänomenen Reihenfolge und Altersangaben in Frage, z. B. hinsichtlich des Erwerbs von Akkusativ und Dativ (Ulrich et al., 2016). Die qualitative Beschreibung des Grammatikerwerbs, wie Clahsen (1982) sie vornimmt, behalte aber insgesamt „ihren Grundlagenwert und ihre Gültigkeit" (Kannengieser, 2019, 170), weil sie aufzeige, welche Strukturen im kindlichen Grammatikerwerb auftauchten und wie die veränderlichen kindlichen Äußerungen beschaffen seien.

Grundsätzlich dürfen aber immer „Fehler" auftreten. Die Grammatik muss keinesfalls perfekt sein, bei vereinzelten Abweichungen kann der Grammatikerwerb trotzdem als abgeschlossen betrachtet werden. Die Phasen nach Clahsen (1982) können auch nicht mit den Meilensteinen gleichgesetzt werden. Wenn man Phasen und Meilensteine zueinander in Beziehung setzt, entsprechen die Phasen 1 und 2 etwa Meilenstein I, Phase 3 entspricht Meilenstein II, Phase 4 Meilenstein III und Phase 5 Meilenstein IV.

Auffälligkeiten im Grammatikerwerb

Folgt man den Darstellungen zum Grammatikerwerb bis hierher, sollten Kinder bis zur Einschulung korrekte Satzgefüge bilden können. Dies gelingt jedoch nicht allen Kindern. Kinder mit Schwierigkeiten im Grammatikerwerb produzieren aber keine willkürlichen Satzgebilde, sondern zeigen Probleme in einzelnen Bereichen, die in der deutschen Sprache aufgrund ihrer Struktur besonders fehleranfällig sind. Motsch (2017, 53 ff.) benennt die zentralen Phänomene der grammatischen Störung als Schwierigkeiten bei

a) der Markierung der Subjekt-Verb-Kongruenz (Anpassung von Subjekt und Verb: *ich laufe, du läufst*), z. B. „Hund belle", „du habt"
b) der Genusmarkierung (Verwendung des richtigen Artikels), z. B. „die Haus"
c) der Kasusmarkierung (Verwendung des richtigen Falls), z. B. „ich sehe der Mann", „auf der Baum"
d) der Pluralmarkierung (Mehrzahlbildung), z. B. „die Apfeln", „die Hunden", „die Haaren"
e) der Verbstellung im Hauptsatz, häufig steht das Verb am Ende, z. B. „Tim Hause laufen"
f) der Verbstellung in untergeordneten Nebensätzen, also keine Verbendstellung, z. B. „damit ich kann nach Hause gehen"
g) der Verwendung von Funktionswörtern, vor allem Artikel und Präpositionen werden ausgelassen, z. B. „ich fahre mit Fahrrad", „Katze sitzt Baum"

Die von Motsch (2017) genannten Phänomene werden in WASP-G berücksichtigt und gleichzeitig mit den Meilensteinen des Spracherwerbs nach Tracy (2008) in Beziehung gesetzt. Dabei wird zum einen die Verbstellung fokussiert, aber auch die Kasusmarkierung, die für die Einschätzung des Spracherwerbsstandes eine entscheidende Rolle spielt (Ehl et al., 2018, 1279).

Deutsch als Zweitsprache

Auch im Zweitspracherwerb erfolgt die Aneignung morphosyntaktischer Strukturen in einer relativ festen Reihenfolge, es liegen dazu jedoch weniger Forschungsergebnisse vor als für den Erstspracherwerb. Der Erwerbsprozess kann leicht variieren, dies ist auch abhängig von der jeweiligen Erstsprache, den Lerngelegenheiten und dem Erwerbsalter; auch das erschwert die Ableitung allgemeingültiger Aussagen. Letztendlich verläuft der Erwerb der deutschen Sprache aber bei allen Lernenden ähnlich (Adler, 2010).
In Abhängigkeit vom Zeitpunkt, zu dem ein Kind mit der Zweitsprache in Kontakt kommt, werden der simultan-bilinguale und der sukzessiv-bilinguale Spracherwerb unterschieden (Chilla, 2020, 114); beim simultan-bilingualen Spracherwerb werden beide Sprachen von Geburt an gleichzeitig gelernt bzw. der Erwerb der zweiten Sprache beginnt in den ersten beiden Lebensjahren, beim sukzessiv-bilingualen Spracherwerb lernt ein Kind die zweite Sprache erst nach dem zweiten Lebensjahr. Hier wird wiederum differenziert in den frühen sukzessiv-bilingualen Erwerb (ca. 2–4 Jahre) und den späten sukzessiv-bilingualen Erwerb (6–8 Jahre). Kinder, die im Alter von 4–6 Jahren die Zweitsprache Deutsch erwerben, lassen sich keiner Gruppe zuordnen (Chilla, 2020, 114).

Der Zeitpunkt, zu dem sich die Kinder erstmals mit der deutschen Sprache auseinandersetzen, beeinflusst den Erwerb der Zweitsprache und seine Geschwindigkeit. Beginnt der Erwerb der Zweitsprache vor dem 4. Lebensjahr und verläuft somit zeitlich nah am Erstspracherwerb, ist der Zweitspracherwerb dem Erstspracherwerb sehr ähnlich und zentrale grammatische Kompetenzen (Verbstellung und Subjekt-Verb-Kongruenz) können bei ausreichendem Input innerhalb von 1 ½ Jahren erworben werden (Chilla, 2020, 124). Die Ähnlichkeit nimmt aber bereits ab, wenn sukzessiv-bilinguale Kinder beim Erwerb der deutschen Sprache älter als fünf Jahre sind, dann sind die Subjekt-Verb-Kongruenz sowie die Verbstellung länger unsicher (Chilla, 2020, 124). Trotzdem sind deutliche Parallelen erkennbar, auch in den Hürden, die der Erwerb mit sich bringt. Jeuk (2003, 285) arbeitet heraus, dass Kinder, die Deutsch als Zweitsprache erwerben, das Verb anfangs ebenfalls ans Ende stellen – besonders häufig werden die Verben *tun* und *machen* verwendet – und die Verbformen in derselben Reihenfolge erlernen wie Erstsprachler*innen. Das bedeutet, dass bei Schüler*inne*n, die spät mit dem Erwerb der deutschen Sprache beginnen, damit zu rechnen ist, dass sie zu Schulbeginn das Verb zum Teil noch ans Ende des Satzes setzen („jetzt Aufgaben rechne"). Wie die Forschung zeigt, eignen sich Kinder mit Deutsch als Zweitsprache die Regeln der Verbstellung aber recht schnell an (Chilla, 2020; Jeuk, 2003, 285 ff.). Größere und länger andauernde Schwierigkeiten bereiten die Funktionswörter, insbesondere die Präpositionen werden falsch verwendet oder ausgelassen. Hinzu kommt die Genus- und Kasusmarkierung. Beides hängt eng zusammen, weil sich der Artikel immer mit dem Kasus ändert (*der Mann; er sieht den Mann; er begegnet dem Mann*).

3.1.3 Semantisch-lexikalische Ebene: Wortschatzerwerb

Die semantisch-lexikalische Sprachebene umfasst die inhaltliche Bedeutung (*Semantik*) der sprachlichen Zeichen sowie den Umfang des Wortschatzes, also die Anzahl der gespeicherten Wörter, die verstanden und produziert werden (*Lexikon*). Der Spracherwerb wird von Bruner (1987) als eine Fortführung des gemeinsamen Handelns zwischen Bezugsperson und Kind aufgefasst. Bruner (1987, 22) nennt wiederkehrende gemeinsame Handlungs- und sprachliche Muster (*Formate*) als besonders wertvoll für den Wortschatzerwerb. Ein solches Format kann z. B. das tägliche Anziehen darstellen: Die Bezugsperson zieht das Kind an, verwendet wiederkehrende Sätze („Jetzt ziehen wir die HOSE an. Jetzt ziehen wir die SOCKEN an.") und betont dabei die einzelnen Kleidungsstücke, die angezogen werden. Die an das *Kind gerichtete Sprache* (KGS, Szagun, 2019, 206 ff.) lebt dabei von den einfachen Strukturen ebenso wie von der besonderen Betonung der zu unterscheidenden Begriffe. Die ersten Wörter erwerben Kinder etwa im Alter von einem Jahr. Als „Wort" wird aber nicht nur ein im Sinne der Erwachsenensprache korrekt artikuliertes Wort gewertet, sondern eine stabil auftretende Produktion, die wiederholt für einen Gegenstand, eine Handlung etc. verwendet wird, z. B. (lautmalerisch) „Dudu" für *Auto* oder „Baba" für *Ball.* Anfangs sind solche Silbenverdopplungen häufig (Hacker, 2002). Beim Aufbau des Wortschatzes zeigen Kinder Übergeneralisierungen (Überdehnungen), wenn sie z. B. alle Tiere als „Wauwau" bezeichnen, nicht nur Hunde. Auch Untergeneralisierungen (Unterdehnungen) kommen vor, wenn Kinder z. B. nur schwarze Hunde als „Wauwau" bezeichnen, weil der Hund der Oma schwarz ist; solche Untergeneralisierungen sind jedoch weniger offensichtlich (Rothweiler, 2001, 49).

Der Umfang des produktiven (aktiven) und des rezeptiven (passiven) Wortschatzes unterscheiden sich im gesamten Spracherwerb und auch im Erwachsenenalter erheblich, der rezeptive Wortschatz kann bis zu zehnmal so groß sein wie der produktive Wortschatz (Rothweiler, 2001, 51). Mit ca. 1 ½ Jahren haben Kinder in der Regel einen produktiven Wortschatz von etwa 50 Wörtern, während ihr rezeptiver Wortschatz bereits etwa 200 Wörter umfasst. Ungefähr zu diesem Zeitpunkt setzt der Wortschatzspurt ein, das Kind erwirbt täglich mehrere Wörter (Rothweiler, 2001, 51). Im Alter von zwei Jahren verfügt ein Kind produktiv über ca. 200 Wörter, im Alter von 2 ½ Jahren können es bereits 500 Wörter sein. Ab dem 3. Lebensjahr erweitert ein Kind seinen Wortschatz um 5–10 Wörter täglich, die meisten Wörter davon werden in den passiven Wortschatz aufgenommen. Auch für Schulkinder darf man von einem (passiven) Wortschatzerwerb von bis zu 3.000 Wörtern im Jahr ausgehen (Rothweiler, 2001, 52).

Dass Kinder ihr Lexikon so schnell erweitern können, lässt sich durch das *fast mapping* erklären; ein Kind hat zur Bedeutung eines Wortes zunächst eine eher grobe Vorstellung, eine Vervollständigung und Ausdifferenzierung des Begriffs erfolgt allmählich (Rothweiler, 2001, 58). Wenn das Wort in unterschiedlichen Zusammenhängen immer wieder vorkommt, gelingt es dem Kind, sich „einen Begriff zu machen". Der anfänglich verfügbare Wortschatz bezieht sich auf Personen, Objekte und Aktivitäten aus der direkten Umgebung des Kindes (Clark, 1993). Daher überwiegen zunächst Nomen, aber auch relationale Adverbien (*weg, mehr, nochmal*) und deiktische Ausdrücke (da) oder Interjektionen bzw. soziale Äußerungen (*hei, hallo, bitte*), weil Kinder mit solchen Wörtern für sie relevante Inhalte ausdrücken können. Zum primären Wortschatz gehören auch *general-all-purpose*-Verben (GAP-Verben: *machen, haben, tun, geben*), die vielfach einsetzbar sind (Kannengieser, 2019, 249). Mit dem wachsenden Wortschatz erwirbt das Kind weitere Inhaltswörter in Form von Nomen, Verben und Adjektiven sowie Funktionswörter wie Artikel, Präpositionen, Pronomen oder Konjunktionen. Wie die Beschreibung des Grammatikerwerbs nach Clahsen (1982) zeigt, sind Funktionswörter für den Erwerb grammatischer Strukturen entscheidend.

Das Lexikon eines Kindes darf man sich dabei nicht als eine Art Wörterliste vorstellen. Zu jedem Wort sind unterschiedliche Informationen gespeichert, die erweitert sowie mit anderen Wörtern verknüpft werden können und sich immer wieder neu sortieren lassen. Gespeichert wird zum prototypischen Bild eines Objekts, z. B. einer Tasse, neben dem Wortklang (/tasə/, auch in Opposition zu /kasə/) und einer Information im Kontext einer Tätigkeit (z. B. *trinken, füllen*) auch eine Erinnerung an eine persönliche Erfahrung (Lieblingstasse, Ereignis einer heruntergefallenen Tasse). Gespeichert werden im weiteren Verlauf des Spracherwerbs zusätzlich der Artikel (*die*) sowie die Pluralform (*Tassen*). Im Vorschulalter kann zu *Tasse* als Reimwort *Kasse* genannt und das Wort in Silben gegliedert werden. Mit dem Schriftspracherwerb wird der Lexikoneintrag erweitert um die Schreibung des Wortes (<Tasse> mit Doppelkonsonant), die Großschreibung aufgrund der Wortart (Nomen), die Gliederung in Morpheme (Tass | e) sowie die Möglichkeit, Ableitungen und Zusammensetzungen zu bilden (*Tässchen, Untertasse*) (Osburg, 2011, 66; Reber, 2009, 24).

Auffälligkeiten im Erwerb von Semantik und Lexikon

Während eine fehlerhafte Lautbildung sowie eine falsche Verbstellung im Satz relativ leicht zu beobachten sind, ist die Feststellung von Auffälligkeiten auf der semantisch-lexikalischen Ebene schwieriger. Bei semantisch-lexikalischen Störungen kommt es laut Füssenich (2002) und Glück (2001) zu Wortschatzeinschränkungen. Dies sind zum einen Wortschatzdefizite, die auch aufgrund mangelhafter Strategien zur Erweiterung des Lexikons auftreten, wenn Kinder z. B. wenig Fragen zu Wörtern und Bedeutungen stellen. Zum anderen treten Wortabrufstörungen auf, also Wortfindungsstörungen, die mit Schwierigkeiten bei der Speicherung und Vernetzung im mentalen Lexikon zusammenhängen. Der eingeschränkte Wortschatz und das Unvermögen, darauf zuzugreifen, führen zu Sprachverständnisproblemen. Da aber jeder Mensch Wortabrufstörungen aus eigener Erfahrung kennt (z. B. ein Name, der „auf der Zunge liegt", aber nicht genannt werden kann), stellt sich die kaum zu beantwortende Frage, wann es sich um ein Phänomen im Normbereich oder aber eine Abweichung handelt. Auffälligkeiten auf der semantisch-lexikalischen Ebene lassen sich an den Strategien erkennen, die Kinder im Umgang mit semantisch-lexikalischen Schwierigkeiten nutzen, also dann einsetzen, wenn sie auf ein Wort, das sie in der Kommunikation benötigen, nicht zugreifen können. In Anlehnung an Füssenich (2002), Glück (2001) und Osburg (2011) werden solche Strategien tabellarisch dargestellt und mit Beispielen illustriert.

Strategie		Beispiel
Rückgriff auf Verständigungsmöglichkeiten aus der vorsprachlichen Kommunikation		Zeigegeste; „das da"
Abbrüche, Neuansätze und Umformulierungen		„...und wie Hause kommen hab ich mich – und dann hab ich mir – da ha – Geschenke, und dann war plötzlich meine Geschenke da."
Vermeidungsstrategien		schweigen; Themenwechsel, z. B. kommt ein Kind immer wieder auf sein Lieblingsthema zurück, zu dem es über den notwendigen Wortschatz verfügt
Merkmale der Zeitstruktur: Verzögerungen, Unterbrechungen, Pausenfüller, unnötige Wiederholungen (Perseverationen)		„also ich hab, also ich hab, ich hab"
Ersetzungen	allgemeine unspezifische Oberbegriffe	„Tier" statt Katze
	andere Wörter aus demselben semantischen Feld	„Hammer" statt Zange
	lautlich ähnliche Wörter	„Netz" statt Nest
	Eigenschöpfungen	„Abenteuerzeitung" statt Wanderkarte; „Schlittschuhgolf" statt Eishockey
	Umschreibungen: Rückgriff auf Form und Aussehen bzw. Funktion und Situation	„Mitternacht und dann zünden wir an und dann geht das ganz hoch." (Silvesterrakete)

Tab. 7: Strategien von Kindern zum Umgang mit semantisch-lexikalischen Schwierigkeiten

3.2 Bedeutung der qualitativen Analyse von Sprachproben für die Förderung/Therapie

Damit Sprachförderung und -therapie gelingen können, müssen sie an den Sprachstand eines Kindes angepasst, also adaptiv sein (Beckerle/Mackowiak, 2019; Motsch, 2017, 93). Förder- oder Trainingsprogramme, die sich allgemein an alle Kinder richten, ohne einen speziellen Förderbedarf zu berücksichtigen, können zwar zum Fortschreiten des Spracherwerbs beitragen, zur Überwindung individueller Schwierigkeiten (z. B. Verwendung von Präpositionen oder Kasusmarkierung) sollten die Sprachangebote an das Kind genau diese Phänomene gehäuft enthalten (Motsch, 2017, 113).

Das vorliegende Analyseraster WASP dient der Identifikation von Auffälligkeiten und Störungen im Spracherwerb, um individuelle Förder-/Therapieziele festlegen zu können. Dabei muss außerdem die Frage geklärt werden, ob bei einem Kind eine Sprachförderung im Kindergarten- bzw. im Schulalltag ausreicht oder ob eine Therapie durch entsprechend ausgebildetes Fachpersonal (Sprachheilpädagog*inn*en oder Logopäd*inn*en) notwendig ist. Stellt sich bei der Analyse mit dem Screening WASP-PGS heraus, dass sich auf einer Sprachebene gehäuft Auffälligkeiten zeigen, sollte die Sprachprobe mit dem entsprechenden Raster für die betroffene Sprachebene noch einmal detailliert analysiert werden. Wenn die festgestellten Schwierigkeiten unverkennbar sind (z. B. anhand des erreichten Meilensteins erkennbare Erwerbsverzögerung um mehr als sechs Monate) oder sich bei der Analyse mit dem Screening WASP-PGS zeigt, dass mehrere Sprachebenen betroffen sind, ist eine weitere Abklärung, auch mit standardisierten Testverfahren, durch Sprachheilpädagog*inn*en oder Logopäd*inn*en empfehlenswert.

Zur Sprachförderung soll an dieser Stelle kein spezielles Programm empfohlen werden, auch weil es keine hinreichende Forschung im Hinblick auf die Wirksamkeit solcher Förderprogramme gibt (Kempert et al., 2016). Nur wenige Programme wurden evaluiert; Programme, die auf ihre Wirksamkeit hin geprüft wurden, erwiesen sich jedoch als wenig effektiv (Kempert et al., 2016, 205; Egert/Hopf, 2016). Für den Kindergarten- und Schulalltag ist der Einsatz solcher Programme auch wenig realistisch, weil sich die regelmäßige und programmtreue Umsetzung nicht immer sicherstellen lässt. Dagegen ist der alltagsintegrierte Einsatz von Sprachförderstrategien (Löffler/Vogt, 2020; Löffler, 2020) in vielen Situationen umsetzbar und kann aufgrund des Alltagsbezugs auch vom Kind leichter in die sprachlichen Handlungen integriert werden. Mit einer alltagsintegrierten Sprachförderung ist hier nicht eine allgemeine, unspezifische Sprachanregung (Kempert et al., 2016) gemeint, sondern der adaptive Einsatz von Sprachförderstrategien, integriert in den sprachlichen Alltag des Kindes. Damit diese Sprachförderstrategien adaptiv eingesetzt werden können, ist die qualitative Diagnostik des kindlichen Sprachstands erforderlich. Wie eine alltagsintegrierte Sprachförderung aussehen kann, soll im Folgenden an einem Beispiel erläutert werden.

Beispiel: Präposition und Kasusmarkierung

Ein Problembereich bei grammatischen Störungen, aber auch im Zweitspracherwerb ist die Verwendung von Präpositionen und damit verbunden die korrekte Kasusmarkierung. Wenn sich bei der Analyse der Sprachprobe herausstellt, dass ein Kind wenige Präpositionen verwendet oder sie falsch einsetzt und die korrekte Kasusmarkierung nicht (immer) gelingt, können mehrere Strategien zur alltagsintegrierten Sprachförderung hilfreich sein.

a) Modellierungstechniken (Motsch, 2017; Löffler/Itel, 2020)

Bei den *Modellierungstechniken* werden der kindlichen Äußerung vorausgehende Modellierungstechniken von denen unterschieden, die den kindlichen Äußerungen folgen. Der kindlichen Äußerung vorausgehen könnte zur Förderung von Präpositionen und Kasus die Technik der *Präsentation*. Hier wird eine Zielstruktur gehäuft verwendet, um dem Kind die korrekte Sprachform vielfach richtig anzubieten, z. B. für Präposition und Kasus: „Schau mal, da sitzt ein Eichhörnchen **auf dem Baum**. Was macht es **auf dem Baum**, kannst du das sehen?“ Eine zielführende Modellierungstechnik, die der kindlichen Äußerung folgt, ist das *korrektive Feedback*. Bei dieser Technik wird eine nicht korrekte Äußerung in der korrekten Form wiederholt. Gleichzeitig erhält das Kind die Rückmeldung, dass es inhaltlich verstanden wurde. Kind: „Es sitzt auf den Baum und fresst.“ Fachkraft: „Stimmt, das Eichhörnchen sitzt auf **dem** Baum und **frisst**.“

b) Einsatz sprachförderlicher Fragen (Schönfelder, 2020)

Für die Förderung von Präpositionen und Kasusmarkierung eigenen sich *Alternativfragen*. Bei der Alternativfrage („Liegt die Schere **auf dem Tisch** oder **auf dem Boden**?“) werden zwei Alternativen zur Auswahl gestellt, von denen das Kind eine als Antwort auswählen kann. Auch wenn es die Antwort bei einer solchen Alternativfrage „nur“ nachsprechen muss, hat es so die Möglichkeit, Präposition und Kasus in der Antwort korrekt zu verwenden.

Weitere Anregungen für die Förderung finden sich in Kapitel 6. Dort werden an einem Fallbeispiel die Auswertung einer Spontansprachprobe und die Ableitung von Förderzielen aufgezeigt sowie Hinweise für eine mögliche Förderung gegeben.

4. Anwendung des WASP

WASP bietet Kategorien für die Analyse von Spontansprachproben. Eine solche Analyse soll nicht generell als Ersatz für einen standardisierten Test dienen, sie ist aber für die Einordnung des Spracherwerbsstandes eines Kindes hilfreich, z. B. wenn eine pädagogische Fachkraft unsicher ist, ob ein Problem vorhanden ist und wo es liegt. Wenn die Analyse der Spontansprachprobe deutliche Hinweise auf eine Spracherwerbsstörung liefert, sollten die betroffenen Sprachebenen mit einem Testverfahren genauer untersucht werden, damit ggf. eine Therapie eingeleitet werden kann. Eine Spontansprachanalyse kann einen Test zudem im Hinblick auf die Förderung/Therapie sinnvoll ergänzen, vor allem bei Kindern, die beim Test nur eingeschränkt mitarbeiten. Im Kindergartenalltag werden Testverfahren von den Fachkräften eher selten eingesetzt. Tests sind zeitaufwendig und in den Einrichtungen – nicht nur aufgrund des Anschaffungspreises – meist nicht vorhanden; hier sind Beobachtungsverfahren und -leitfäden häufiger in Gebrauch. Eine Spontansprachprobe lässt sich auch im Kindergartenalltag ohne größeren Aufwand erheben.

Im Vergleich zu einem Testverfahren birgt die Spontansprachprobe das Problem, dass für die Einschätzung des Erwerbs relevante Strukturen möglicherweise nicht vorkommen. Aus diesem Grund arbeiten einige Testverfahren mit Aufgaben, die bestimmte Strukturen zwingend erfordern, für die Überprüfung grammatischer Fähigkeiten z. B. ESGRAF (Motsch/Rietz, 2016) sowie MuSE-Pro (Berg, 2020). Zudem sind spontane Äußerungen manchmal schwer interpretierbar, wenn nicht eindeutig ist, was das Kind sagen möchte. Beide Nachteile kann man mit einem gezielt ausgewählten Sprechanlass umgehen, aber nicht ausschließen.

4.1 Zielgruppe: Kinder mit Deutsch als Erst- oder Zweitsprache

Zielgruppe sind Kinder, bei denen geklärt werden soll, ob und in welchen Bereichen sie sprachlich auffällig sind und Förderung oder sogar eine Therapie benötigen. Da es sich um eine qualitative Analyse handelt, die den Ist-Zustand des Spracherwerbs eines Kindes beschreibt, kann WASP bei Kindern mit Deutsch als Erst- und Zweitsprache gleichermaßen eingesetzt werden. Im Fokus steht die Aneignung lautlicher und grammatischer Strukturen der deutschen Sprache sowie des Wortschatzes. Dies muss von allen Kindern gleichermaßen geleistet werden.

Die mit dem WASP vorliegende Form der Analyse ist vor allem dann sinnvoll, wenn das Kind zumindest Dreiwortsätze bildet.

4.2 Erhebung der Spontansprachprobe

Für die Analyse soll eine Spontansprachprobe erhoben werden, also eine Sprachprobe, die als ein möglichst realistisches Beispiel der gesprochenen Sprache des betreffenden Kindes gelten kann. Zur Überprüfung grammatischer Fähigkeiten ist es nur bedingt sinnvoll, Sätze nachsprechen zu lassen. Zwar haben Kinder mit eingeschränkten grammatischen Fähigkeiten aufgrund ihrer häufig geringen Kapazität des Arbeitsgedächtnisses (Motsch, 2017, 64 ff.) auch beim Nachsprechen von Sätzen Probleme, doch es wird eher klar, *dass* sie Schwierigkeiten haben, nicht welche. Eine Analyse der Spontansprache liefert differenziertere Aussagen über Fähigkeiten und Schwierigkeiten, die auch für die Förderung Nutzen bringen. Teilweise entwickeln Kinder mit sprachlichen Auffälligkeiten sehr früh ein Störungsbewusstsein und sprechen eher wenig – dies vor allem, wenn sie merken, dass es um eine Diagnose ihrer Fähigkeiten geht und die Sprachprobe aufgezeichnet wird. Die Aufzeichnung einer Sprachprobe ist jedoch für die Auswertung hilfreich – zur Interpretation des Gesagten ist eine Videoaufnahme, bei der man Referenzobjekte sieht, sogar besser als eine Audioaufnahme, aber eben auch viel aufwendiger. Um das Kind zum Sprechen zu motivieren, kann ein spannendes Bild oder Spiel aus dem Interessengebiet des Kindes als Sprechanlass gewählt werden.

Für die Erhebung der Spontansprachprobe sollte eine möglichst entspannte Situation genutzt bzw. geschaffen werden, in der sich das Kind frei äußern kann. Optimal wäre eine freie Erzählung, bei der es den Inhalt selbst bestimmen kann. Fast ebenso gut ist eine dialogische Bilderbuchbetrachtung, bei der sich das Kind mit seinen Gedanken und Ideen zur Geschichte einbringen darf. Im Gegensatz zur klassischen Vorlesesituation steht in der dialogischen Bilderbuchbetrachtung das Gespräch im Vordergrund, das über die Bilder angeregt wird. Nach Kraus (2005, 109) ist wichtig, dass das Kind – nicht der Erwachsene – zum Erzählenden der Handlung wird. Dabei wird auch der Bezug zur Lebenswelt des Kindes hergestellt, auch wenn es sich damit vom eigentlichen Inhalt des Buches entfernt. Das Buch sollte dabei die Interessen des Kindes und relevante Themen seiner Lebenswelt aufgreifen, um hinreichend Sprechanlässe zu bieten.

Am Anfang leitet der erwachsene Gesprächspartner den Dialog, indem er Fragen stellt und Impulse gibt. Seine Redebeiträge sollten aber im Gesprächsverlauf weniger werden, stattdessen wird das Kind sprachlich aktiver (Kraus, 2005, 111). Bei Kindern, die von sich aus wenig erzählen, können die Fragen am Anfang durchaus Entscheidungsfragen sein (Schönfelder, 2020), wenn die Kinder auf diese Weise überhaupt erst zum Sprechen angeregt werden, z. B. „Siehst du die Torte?". Auch Alternativfragen erleichtern Kindern die Antwort, z. B. „Wer trägt die Torte, der Hund oder das Schwein?". Wenn das Kind Mut und Lust zum Erzählen hat, können Ergänzungsfragen gestellt werden, z. B. „Warum sind jetzt alle so aufgeregt?", „Wo könnte die Torte überall versteckt sein?" oder „Wo würdest du zuerst suchen?". Weniger geeignet sind Spielsituationen, die kaum sprachliche Äußerungen des Kindes erfordern oder sich auf bestimmte, wiederkehrende Äußerungen beschränken. Zwar kann über ein Memoryspiel, bei dem die aufgedeckten Karten benannt werden müssen, der Wortschatz überprüft werden, die Grammatik jedoch nur eingeschränkt.

Damit das Gespräch in Gang gehalten wird, kann der Einsatz von Modellierungstechniken (Motsch, 2017; Löffler/Itel, 2020) hilfreich sein. Dabei werden die (nicht korrekten) Äußerungen des Kindes bestätigend aufgegriffen, dabei korrekt wiederholt und grammatisch oder semantisch erweitert (s. Kap. 3.2). Wichtig ist, dass das Kind zum Weitersprechen motiviert wird, weil es das Feedback erhält, dass es einen sinnvollen Sprachbeitrag geleistet hat; so wird auch die Sprechfreude unterstützt. Direkte Aufforderungen („Jetzt erzähl doch mal!") können den Sprachfluss hingegen hemmen und sollten deshalb vermieden werden.

Da nicht immer alle für die Beobachtung relevanten sprachlichen Phänomene in einer Spontansprachsituation auftreten (Motsch/Riehemann, 2017, 173 ff.) kann es vor allem für die gezielte Beobachtung auf der morphosyntaktischen Sprachebene hilfreich sein, Spielsituationen so anzulegen, dass bestimmte Strukturen sicher vorkommen. Wie oben genannt, ist das von Motsch entwickelte Verfahren ESGRAF (Motsch/Rietz, 2016) ein gutes Beispiel für ein solches Vorgehen. Bereits bei der ersten veröffentlichten Version des Verfahrens ESGRAF erhält das Kind beim Einkaufsspiel einen Einkaufszettel mit Bildern sowie den Auftrag, von jedem abgebildeten Artikel zwei Stück zu kaufen. So wird die Pluralbildung überprüft. Die Verwendung von Präpositionen mit dem Dativ wird bei einem Ratespiel überprüft, bei dem ein Gegenstand auf, in, hinter etwas versteckt wird. Auf einem Bauernhof soll das Kind Futter an Tiere verteilen, dabei sind Sätze erforderlich wie: „Ich gebe dem Hund den Knochen." Hier werden folglich Dativobjekt und Akkusativobjekt notwendig. Zum Schluss der Überprüfung erzählt das Kind z. B. der Mutter am Telefon, was es den ganzen Tag erlebt hat. Dabei muss es Vergangenheitsformen verwenden. Das Verfahren ESGARF wurde mit jeder neuen Auflage weiterentwickelt, in den neuesten Versionen (aktuell: ESGRAF 4–8, Motsch/Rietz, 2016) drehen sich alle Sprechanlässe um das Thema Zirkus.

Ziel dieser und ähnlicher Spielsituationen ist es, diese möglichst natürlich zu gestalten, um dem Kind die Angst vor dem Sprechen zu nehmen. Solche Spielsituationen oder Sprechanlässe sollten für die Erhebung der Spontansprachprobe vorstrukturiert werden, z. B. können bei einer Bildbetrachtung Gegenstände/Personen gesucht oder beschrieben werden, damit bestimmte Strukturen zwingend erforderlich sind: ich sehe/finde einen Hund/meine Katzen (Akkusativ); die Katze klettert auf den Baum/sitzt auf dem Auto (Präpositionen + Akkusativ/Dativ).

4.3 Transkription

Sinnvoll ist es, die Sprachprobe (z. B. mit dem Smartphone) aufzuzeichnen. Für die Auswertung ist zudem hilfreich, die Sprachprobe zu transkribieren. Eine Auswertung ist mit dem WASP zwar auch direkt beim Anhören/Ansehen der Aufnahme möglich, aber es können Einzelheiten verloren gehen. Manchmal ist es erst beim zweiten oder dritten Anhören möglich, das vom Kind Gesagte komplett zu verstehen. Eine zeitökonomische Variante ist die orthographische Transkription, also die Äußerungen unter Nutzung orthographischer Regeln so zu verschriften, wie sie verstanden werden (z. B. <Weinkrauben> für die kindliche Aussprachevariante von *Weintrauben*; <Debbich> für die regionale Aussprache von *Teppich*). Man kann auch phonetische Umschrift verwenden, dies ist aber in der Regel nicht erforderlich und zudem sehr aufwendig. In der Anwendung hat sich gezeigt, dass eine orthographische Transkription ausreicht, um Besonderheiten in der Aussprache abzubilden.

Im Folgenden sind für die Transkription mit Orientierung an Selting et al. (1998) einige Regeln formuliert, die sich in unserer Forschung als zielführend herausgestellt haben; diese sind aber nicht bindend und können individuell angepasst werden.

1. Im Vordergrund stehen die Äußerungen des Kindes. Äußerungen anderer Personen (gesprächsführende erwachsene Person, weitere Kinder) können zur Verständlichkeit des Gesprächsverlaufs ebenso transkribiert werden.
2. Die Transkription folgt den Regeln der Orthographie, auch umgangssprachliche und dialektale Lautung und Grammatik werden so gut wie möglich mit den orthographischen Regeln abgebildet, z. B.: lebm (*leben*), isch (*ich*), un (*und*), ich glaub (*ich glaube*), auf Apostrophe wird verzichtet.
3. Gestik und Mimik oder auch begleitende Handlungen sowie Störungen von außen werden kursiv in Klammern festgehalten, wenn dies zum Verständnis des Gesagten beiträgt oder den Ablauf des Gesprächs beeinflusst.
4. Werden Wörter nicht vollständig gesprochen bzw. Sätze nicht beendet, wird dies nicht besonders gekennzeichnet, es werden lediglich vorhandenen Elemente notiert, z. B.: Ich geh in den Kinderga mit mein Bruder.
5. Ist ein Teil einer Äußerung gar nicht verständlich, wird eine leere Klammer gesetzt, die Anzahl der Leerzeichen richtet sich nach der Länge der unverständlichen Passage, z. B.: Ich möcht (   ) machen.
6. Ist ein Teil einer Äußerung nicht genau verständlich, der Wortlaut kann aber mit hoher Wahrscheinlichkeit richtig vermutet werden, wird dies in Klammern gesetzt, z. B.: Ich hab (mit der Eisenbahn) gespielt. Allerdings wird das in Klammern Stehende nicht ausgewertet.
7. Macht ein Kind eine Pause, wird die kurze Pause (bis zu 3 Sekunden) als (-) festgehalten, bei längeren Pausen kann die Dauer der Pause in Sekunden in die Klammer geschrieben werden.
8. Vorgelesenes (vor allem in der Bilderbuchsequenz) steht in Kursivdruck, um es von den Gesprächsäußerungen abzuheben.
9. Die Fehlbildung von Lauten kann beschreibend dokumentiert und in Klammern gesetzt werden, z. B.: (*stößt bei den s-Lauten mit der Zunge an die Schneidezähne*).
10. Ersetzt ein Kind in den Phonemverbindungen /ʃt/ oder /ʃp/ das /ʃ/ durch /s/ oder /z/, kann dies orthographisch mit einem Trennstrich dargestellt werden, z. B.: S-tuhl, s-pringen.

Zeichen	Verwendung
(*kursiv*)	Gestik, Mimik, begleitende Handlungen, Besonderheiten in der Lautung
( )	unverständliche Äußerungen
(Text)	nicht gut verständliche Äußerungen
(-)	Pause bis 3 Sek.
(x Sek.)	zeitlich definierte Pause
Vorgelesenes	Vorgelesenes

Tab. 8: Transkriptionsregeln

Im Fallbeispiel (Kap. 6) sind diese Transkriptionsregeln umgesetzt.

4.4 Individuelle Auswahl des Analyserasters

Für die Analyse wurden drei ausführliche Raster sowie ein Screening entwickelt. Diese Analyseraster stehen für drei Sprachebenen zur Verfügung:

1. Analyseraster Phonetik/Phonologie (Lautebene) **WASP-P**
2. Analyseraster Grammatik **WASP-G**
3. Analyseraster Semantik **WASP-S**

Die einzelnen Teile können unabhängig voneinander angewandt werden, somit kann sich die Analyse auf nur eine oder zwei der drei Ebenen beschränken. Besteht im Vorfeld ein Verdacht oder konkreter Hinweis, auf welcher Ebene sprachliche Schwierigkeiten (vornehmlich) vorhanden sind, kann die Analyse eben diese Ebene in den Blick nehmen. Für eine umfassende Analyse oder bei einer unklaren Einschätzung im Vorfeld können alle drei Raster eingesetzt werden. In einem solchen Fall wäre es auch möglich, zunächst das Screening **WASP-PGS** durchzuführen, das die zentralen Aspekte aller drei Sprachebenen fokussiert. In einem zweiten Schritt kann dann auf der Ebene, auf der sich die meisten Auffälligkeiten zeigen, noch einmal genauer mit einem der ausführlichen Raster analysiert werden. Der Umfang der Spontansprachprobe sollte für das Screening allerdings nicht weniger umfangreich sein als für die umfassende Analyse.

Die Ableitung von Förderzielen wird anhand eines Fallbeispiels (Kap. 6) aufgezeigt.

5. Erläuterung der Auswertungskategorien

Im Folgenden werden für die drei Analyseebenen des WASP (Phonetik/Phonologie, Grammatik, Semantik) die einzelnen Kategorien anhand von Beispielen erläutert. Zuvor werden allgemeine Regeln für die Analyse dargestellt, die alle Ebenen betreffen.

Die Zuordnungen zu den Meilensteinen im WASP sollen eine Orientierung geben, ob der Spracherwerb des Kindes als altersentsprechend eingeordnet werden kann. Dabei muss berücksichtigt werden, dass die Meilensteine auf den Sprachebenen in Bezug auf das Alter unterschiedlich definiert werden. Für die morphosyntaktische Ebene geht Tracy (2008, 77) davon aus, dass Kinder im Alter von 10–18 Monaten Meilenstein I erreichen; insgesamt gliedert Tracy (2008) den Grammatikerwerb in vier Meilensteine. Bei der Analyse des verwendeten Wortschatzes (semantisch-lexikalische Ebene) folgt die Zuordnung der Wörter zu den Wortarten ebenfalls morphosyntaktischen Kriterien, hier orientieren sich die Meilensteine ebenfalls an Tracy (2008) bzw. Clahsen (1982), der bei der Darstellung der Phasen des Grammatikerwerbs auch die Verwendung bestimmter Wortarten in den Blick nimmt. Allerdings wird für WASP-S davon abgesehen, die Funktionswörter in zahlreiche Unterkategorien zu splitten, sie werden allesamt Meilenstein III zugeordnet. Für den Lauterwerb zeigen die Untersuchungen von Fox (2011), dass die Überwindung der phonologischen Prozesse ab dem 2. Lebensjahr zu erwarten sind. Die Prozesse lassen sich sinnvoll zu drei Meilensteinen zusammenfassen.

5.1 Allgemeine Analyseregeln, Umgang mit dialektalen Äußerungen

Für die Analyse des Sprachstands eines Kindes gibt es zwei Möglichkeiten: die Dokumentation der korrekten Äußerungen und die Dokumentation der nicht korrekten Äußerungen des Kindes. Zeitökonomisch ist die Dokumentation der fehlerhaften Äußerungen, die hinsichtlich ihrer Anzahl geringer sein dürften und die einen sehr guten Blick auf die Erwerbsprozesse erlauben. Deutlich wird dies beispielsweise bei den von Clahsen (1982) skizzierten Erwerbsphasen; innerhalb dieser Erwerbsphasen zeigt Clahsen die sich im Erwerb verändernden Strukturen an Beispielen auf. Zudem beziehen sich viele Sprachfördertechniken der alltagsintegrierten Sprachförderung auf die verbesserungswürdigen Äußerungen der Kinder. Fachkräfte sind daher in der täglichen Arbeit für noch nicht korrekte oder unvollständige kindliche Äußerungen sensibilisiert. Die Betrachtung der nicht korrekten Äußerungen soll jedoch nicht im Sinne einer Defizitorientierung ausgelegt werden; „Fehler" dienen vielmehr als eine Art Lupe für die Betrachtung von Erwerbsprozessen. In den Fokus rückt, welche Struktur „falsch" im Sinne von „noch nicht erworben" ist und welcher nächste Schritt im Erwerb folgt.

Bei Einwortäußerungen erfolgt keine Analyse auf der grammatischen Ebene. Für diese Analyse müssen Äußerungen zumindest aus einem Zweiwortsatz (z. B. „Mama werfen") oder aus einer Phrase (z. B. „auf dem Baum") bestehen. Für die syntaktische Analyse muss die Äußerung ein Verb enthalten (z. B. „Mama werfen", „ich laufe"), die Phrasen ermöglichen eine morphologische Analyse.

Unverständliche Aussagen des Kindes werden so weit wie möglich analysiert, ggf. beschränkt sich die Analyse dann auf die semantisch-lexikalische und/oder phonetische/phonologische Ebene. Sind einzelne Wörter nicht gut verständlich oder das Zielwort ist unklar, werden diese Wörter keinen Kategorien zugeordnet.

Im Fallbeispiel (Kap. 6) äußert das Kind beispielsweise: „De i ein Esel." Hier ist nicht klar, ob das Kind „Der ist ein Esel" oder „Da ist ein Esel" sagen möchte. In solchen Fällen ist es nicht sinnvoll, das Wort Kategorien zuzuordnen, hier wäre der Interpretationsspielraum zu hoch.

Da Kinder als erste Sprache häufig Regionalsprache/Umgangssprache/Dialekt lernen, werden umgangssprachliche/dialektale Äußerungen nicht negativ bewertet. Vermerkt werden sollte jedoch, *dass* das Kind Umgangssprache/Dialekt spricht.

Im alltäglichen Sprachgebrauch wird bei der Artikulation gelegentlich ein Laut an einen anderen Laut im Wort angleichen, z. B. sagen wir „lebm" für *leben*. Dabei fällt das Schwa /ə/ weg, während die Artikulation des Alveolars /n/ an den Bilabial /b/ angeglichen zum bilabialen /m/ wird (Ramers, 2015, 96 ff.). Auch das Auslassen finaler Konsonanten ist ein üblicher Prozess: Zumeist wird in der Umgangssprache beispielsweise „is" statt *ist* realisiert oder „un" statt *und*, ohne dass die Äußerung unverständlich wird (Ramers, 2015, 99). Übliche Prozesse der Umgangssprache sind auch die Ergänzung einzelner Laute („kompst", „fümpf" für *kommst, fünf*). Grundsätzlich erfolgt die Auslautverhärtung bei Plosiven und Frikativen („Hunt" für *Hund* und „Haus" mit stimmlosem /s/ für *Haus*) (Ramers, 2015, 100). Das /r/ kann als das Phonem mit den meisten Aussprachevarianten bezeichnet werden. Als Vibrant realisiert wird es am ehesten am Silbenanfang (z. B. in *rot, braten, Beere*), nach Kurzvokal wird es zum Frikativ [ʁ] (z. B. in *Berg, Herr*), nach Langvokal wird es vokalisiert oder getilgt (z. B. in *Bart, Tier*), vokalisiert wird das /r/ auch in der Endung *-er* (z. B. in *Wasser*) (zusammenführend Löffler, 2002, 109 ff.).

Das Kontinuum von der Standardsprache über Umgangssprache und Regionalsprache zum Dialekt

Die „deutsche Sprache“ ist zunächst ein normatives Konstrukt. Betrachtet man sie genauer, ist ihre Ausprägung in Lautung, Grammatik und Lexik je nach räumlichem Bezug beziehungsweise persönlicher Historie sehr heterogen. Hierbei bilden nach Koch und Oesterreicher (1985) die *Sprache der Nähe* und die *Sprache der Distanz* zwei Pole, zwischen denen sich ein Kontinuum aufspannt; als *Sprache der Nähe* gelten Dialekt und Umgangssprache, als *Sprache der Distanz* die Standardsprache.

Die meisten Menschen bewegen sich als kompetente Sprecher zwischen den Polen Standardsprache und Dialekt und nutzen je nach Situation das für sie angemessene Sprechregister, also eine individuelle Variante der deutschen Sprache, die an die Situation und den oder die Gesprächspartner angepasst ist. So nutzen wir zum Beispiel in familiären Kontexten eher das umgangssprachlich/dialektal geprägte Register. Ähnlich verhält es sich in der Peergroup, hier orientieren wir unseren Sprachgebrauch zudem an Faktoren wie der Altersstruktur der Gruppe oder gemeinsam etablierten Kommunikationsmustern. Die Standardsprache wird hauptsächlich von speziell ausgebildeten Personen, beispielsweise Nachrichtensprecher*inne*n der öffentlich-rechtlichen Sender, verwendet. Da der Großteil der Bevölkerung keine solche Sprachausbildung hat, nutzen die meisten Menschen in Situationen mit nicht vertrauten Menschen eine standardnahe Sprache (König, 2011, 133 ff.).

Die Vielfalt regionalsprachlicher oder dialektaler Besonderheiten soll an einigen Beispielen verdeutlicht werden. Diese gelten jeweils für größere Regionen und zeigen mögliche Abweichungen eines Dialekts bzw. einer regional geprägten Umgangssprache von der Standardsprache. Eine dialektale Färbung zeigt sich häufig in einer Veränderung von Lauten. Oberhalb der Mainlinie wird zwischen einem langen /e:/ (***e**hrlich*) und einem langen /ɛ:/ (***ä**hnlich*) kaum unterschieden. „Käse“ wird „Keese“ oder „ähnlich“ wie „ehnlich“ ausgesprochen. Im mittleren Deutschland ist der Unterschied zwischen /ç/ (i**ch**) und /ʃ/ (**Sch**nee) kaum zu hören. Typischerweise ist die Unterscheidung zwischen „Kirche“ und „Kirsche“ sehr schwer. Im Rheinland wird der /r/-Laut in manchen Positionen durch den ach-Laut /x/ (Ba**ch**) ersetzt. Das hat zur Folge, dass man in dieser Region zum „Spocht“ (*Sport*) geht, im „Gachten“ (*Garten*) arbeitet oder einen „Schechz“ (*Scherz*) macht. Personen aus dem südwestdeutschen Sprachraum sprechen das /s/ (*wei**ß**t*) vor einem Konsonanten gerne als /ʃ/. So „weischt“ (*weißt*) du über Dinge Bescheid oder „ischt“ (*isst*) zum Abendbrot „Wurscht“ (*Wurst*). Auch die Bildung stimmhafter oder stimmloser Konsonanten ist stark regional abhängig. Auffällig ist im süddeutschen Raum sowie in Hessen, Thüringen und Sachsen, dass stimmlose Konsonanten dem stimmhaften Äquivalent weichen. So fährt zum Beispiel der Landwirt mit einem „Dragdor“ (*Traktor*) oder das Kind verzehrt eine „Gurge“ (*Gurke*) (Löffler, 2011).

In den Analysen muss deshalb beachtet werden, dass bei der gesprochenen Sprache ein erweiterter Normbereich gilt. Für die Analyse der Spontansprachprobe mit dem WASP bedeutet dies, dass umgangssprachliche/dialektale Äußerungen vermerkt werden, allerdings nicht als Fehler oder Störung kategorisiert werden dürfen.

5.2 Analyseregeln und Kategorien WASP-P: Phonetik/Phonologie

Bei der Analyse auf phonetischer/phonologischer Ebene werden die Äußerungen des Kindes auf phonologische Prozesse und phonetische Fehlbildungen hin analysiert. Wie in Kapitel 3.1.1 beschrieben, wird bei phonologischen Abweichungen zwischen Silbenstrukturprozessen und Ersetzungsprozessen unterschieden. Damit ein phonologischer Prozess als regelmäßig vorkommender eingeordnet werden kann, sollte dieser in der Spontansprachprobe eines Kindes mindestens dreimal dokumentiert sein, ein einmalig vorkommender Prozess ist noch kein sicherer Hinweis dafür, dass ein Kind diesen noch nicht überwunden hat. Hier sollte beobachtet werden, ob ein Kind bei anderen Wörtern mit derselben Struktur diesen Prozess zeigt oder nicht (wenn das Kind z. B. „drün" für *grün* aber korrekt „Gras" sagt).

Die aufgeführten phonologischen Prozesse sind lediglich eine gezielte Auswahl und wurden zum Teil verallgemeinert, um die Handhabung zu vereinfachen. In Testverfahren, die phonologische Störungen fokussieren, erfolgt eine differenziertere Analyse, die WASP-P nicht leisten kann und soll.

Silbenstrukturprozesse
Werden Phoneme oder Silben ausgelassen, ist zwischen den folgenden Kategorien zu unterscheiden:

Kategorie	Beschreibung	Beispiel	Meilenstein
Aus	Auslassung (finaler) Konsonanten: Konsonant – meist ein finaler – wird ausgelassen (außer RMK)	Nade**l** > „Nade_" wa**s** > „wa_" **g**efahren > „_efahren"	I
RMK	Reduktion der Mehrfachkonsonanz	g**r**oß > „g_oß" **sch**lafen > „lafen"	II

Tab. 9: Kategorien Silbenstrukturprozesse

Ersetzungsprozesse
Bei Ersetzungsprozessen wird untersucht, welche Phoneme durch andere ersetzt werden.

Kategorie	Beschreibung	Beispiel	Meilenstein
Plo	Plosivierung: Frikative oder Affrikaten werden durch Plosive ersetzt	**S**ocke > „**D**ocke" Ka**tz**e > „Ka**tt**e"	I
Glot	Glottalisierung: Ersetzung eines Konsonanten durch /h/	**R**ock > „**H**ok"	I
Ass	Assimilation: Phonem wird an ein anderes Phonem im Wort angeglichen	**ge**hört > „**he**hört"	II
Vor	Vorverlagerung: Phonem wird durch ein weiter vorne gebildetes Phonem ersetzt /g/, /k/, /r/, /x/ etc.	**k**lein > „**t**lein" **G**ummi > „**D**ummi" **R**oller > „**W**oller" no**ch** > „no**f**"	II
	/ʃ/, /ç/	Fi**sch**e > „Fi**ss**e"* i**ch** > „i**s**"	III
Leni	Lenisierung: stimmhafte Variante des Phonems wird verwendet	**P**latz > „**B**latz"	III
Forti	Fortisierung: stimmlose Variante des Phonems wird verwendet	**B**lätter > „**P**lätter"	III

*[ʃ] (palato-alveolar) wird artikulatorisch betrachtet weiter hinten gebildet als [z] (dento-alveolar) (Hacker/Wilgermein, 2001).

Tab. 10: Kategorien Ersetzungsprozesse

Sonstige Prozesse

Beim kindlichen Spracherwerb können sich darüber hinaus weitere phonologische Prozesse zeigen, die aber insgesamt weniger häufig vorkommen. Diese seltener vorkommenden Prozesse sind unter *sonstige Prozesse* (Tab. 11) aufgeführt und erklärt (Fox, 2011; Weinrich/Zehner, 2017). Sie sind in Bezug auf das Alter, in dem sie auftreten, größtenteils nicht wissenschaftlich untersucht oder lassen sich nicht klar einem Meilenstein zuordnen. Daher wird von einer Zuordnung zu Meilensteinen abgesehen.

Kategorie	Beschreibung	Beispiel
	Silbenstrukturprozesse	
VmW	Vereinfachung mehrsilbiger Wörter	Schlafanzug > „fafzug"
Epen	Epenthese: Phonem wird hinzugefügt	Entchen > „Entchwen"
VvSW	Verdrehung von Silben oder Wortteilen	Waschlappen > „Schlappwaschen"
	Ersetzungsprozesse	
Vok	Vokalveränderung	Katze > „Ketze"
Rück	Rückverlagerung: Phonem wird durch ein weiter hinten gebildetes Phonem ersetzt	Maus > „Mausch"
DeAff	Deaffrizierung: Affrikaten werden durch Frikative ersetzt	Apfel > „Afel"
Fri	Frikativierung: Vibrant, Lateral, Nasal oder Plosiv wird durch einen Frikativ ersetzt	Roller > „Woller" Gras > „Chras"
Aff	Affrizierung: Ersetzung eines Frikativs durch eine Affrikate	essen > „etzen"
Nas	Nasalierung: Phonem wird mit Beteiligung des Nasenraums gebildet	Dose > „Nose"
Lat	Lateralisierung: Phonem wird durch den Lateral /l/ ersetzt	Rassel > „Lassel"
Lab	Labialisierung: Phonem wird durch einen Labial ersetzt	Rüssel > „Wüssel"

Tab. 11: Kategorien sonstige phonologische Prozesse

Im Erhebungsbogen können zudem in der Kategorie *phonetische Fehlbildung von Lauten* erkannte Fehlbildungen (z. B. Fehlbildung des /z/ durch Anstoßen der Zunge an die Zähne = Sigmatismus /„Lispeln") vermerkt und beschrieben werden.

In manchen Fällen kann die abweichende Aussprache eines Phonems zwei oder mehreren phonologischen Prozessen zugeordnet werden. Spricht ein Kind z. B. das Wort *Roller* als „Woller" aus, dann wird das Phonem weiter vorne gebildet (Vorverlagerung) **und** als Frikativ realisiert (Frikativierung). Im Fallbeispiel (Kap. 6) realisiert das Kind *trinken* als „krinken", was gleichzeitig eine Vorverlagerung und eine Assimilation darstellt (das /t/ wird an das /k/ angeglichen). Bei der Interpretation der Analyseergebnisse muss das Alter des jeweiligen Kindes berücksichtigt werden. Wird die Sprache eines dreijährigen Kindes analysiert, sind phonologische Prozesse der Meilensteine II und III altersentsprechend. Wird die Spontansprachprobe eines vierjährigen Kindes analysiert, sind die phonologischen Prozesse des Meilensteins III altersentsprechend. Wird die Spontansprachprobe eines fünfjährigen Kindes analysiert, sollte keiner der Prozesse auftreten. Treten einzelne Prozesse dennoch auf, bedürfen sie einer erhöhten Aufmerksamkeit.

Sollten Kinder, die älter als vier Jahre sind, in ihrer Spontansprache mehrere Prozesse aufweisen, ist eine detailliertere Analyse mit einem entsprechenden Testverfahren sinnvoll (z. B. AVAK, Hacker/Wilgermein, 2001; PLAKSS-II, Fox-Boyer, 2014).

5.3 Analyseregeln und Kategorien WASP-G: Grammatik

Im Bereich der Grammatik werden Syntax und Morphologie getrennt betrachtet. Auf syntaktischer Ebene wird vor allem die Stellung des Verbes analysiert, es wird aber nicht berücksichtigt, ob das Verb auch korrekt flektiert ist; dies wird auf der morphologischen Ebene betrachtet.

Syntax

Bei der Zuordnung der Äußerungen zu den Meilensteinen wird analysiert, welche Strukturen ein Kind noch nicht erworben hat. Ist in einer kindlichen Äußerung z. B. nur die rechte Verbklammer besetzt, so ist Meilenstein III noch nicht erreicht, die Äußerung wird somit dem vorausgehenden Meilenstein II zugeordnet. Wenn Kinder Nebensätze korrekt bilden können, haben sie Meilenstein IV erreicht. Bilden sie Nebensätze, in denen das Verb noch nicht korrekt am Ende steht, wird die Äußerung Meilenstein III zugeordnet.

Zur Analyse der Verbstellung muss entschieden werden, ob die Äußerungen ein Verb erfordert. Beantwortet ein Kind beispielsweise die Frage „Was ist das?" mit „ein Hund", so ist dies korrekt, die Äußerung erfordert im normalen Sprachgebrauch kein Verb. Bei einer Äußerung wie „ein Hund" oder „mit dem Fahrrad" sollte daher nicht „V – Verb fehlt" kategorisiert werden. Äußerungen sind immer im Kontext des Dialoggeschehens zu betrachten. Im Fallbeispiel (Kap. 6) fragt die Fachkraft beispielsweise: „Was macht der denn da?", und das Kind antwortet: „Wasser krinken". Auch diese Antwort ist grammatisch als korrekt zu betrachten, weil es eine umgangssprachlich übliche Antwort ist. Der vollständige Satz („Der Esel trinkt Wasser.") ist vielleicht wünschenswert, aber im Kontext nicht zwingend. An einer anderen Stelle des Fallbeispiels beginnt die Fachkraft den Satz „Und die Kühe", beendet wird der Satz vom Kind mit „wille Ch(-)ras essen" (wollen Gras essen). Auch hier zeigt sich, dass die Äußerung des Kindes vom Impuls des Gegenübers beeinflusst wird.

Kategorie	Beschreibung	Beispiel	Meilenstein
	Verbstellung		
V	Verb fehlt	Da Hund.	I
V2	fehlende Verb-Zweitstellung im einfachen Hauptsatz, d. h. Verb ist vorhanden, aber es steht fälschlich am Ende der Äußerung	Hund über den Zaun springt. Da eine Katze ist.	II
lrV	bei zweiteiligen Verben ist nur eine Verbklammer besetzt	Tom Auto gewaschen. umfallen > Dann fällt das __.	II
VF	Verbstellung in Fragesätzen falsch	Du nach Hause gehst? Was Mama spielt?	II
rVN	bei Nebensätzen ist rechte Verbklammer nicht besetzt	..., damit er findet das Buch.	III
	(Stellung von) Funktionswörter(n)		
nein	Kind verwendet "nein" statt "nicht" (auch in falscher Stellung) oder Verneinung fehlt	Papa nein Auto. (statt: Papa fährt nicht mit dem Auto.)	I
Pro	Pronomen fehlt, falsch oder an falscher Stelle im Satz	Da sind Schweine, __ essen	II
Präp	Präposition fehlt, falsch oder an falscher Stelle im Satz	Der guckt _ oben. Die sind _ Straße gelaufen. Bei Schule.	II
Konj	Konjunktion fehlt, falsch oder an falscher Stelle im Satz	Ich war nicht im Kindi, warum ich krank war.	III

Tab. 12: Kategorien Syntax

Morphologie

Auf der morphologischen Ebene steht die Frage im Vordergrund, ob das Kind die Wortform korrekt gebildet hat. Auch hier stellen die fehlerhaften Äußerungen die Grundlage für die Zuordnung zu den Meilensteinen dar. Wenn eine Struktur, die innerhalb eines Meilensteins im Regelfall erworben wird, noch nicht korrekt konstruiert ist, wird diese dem vorausgehenden Meilenstein zugeordnet. Der Dativ wird beispielsweise spät – nach Clahsen (1982) in Phase 5, also Meilenstein IV – erworben, ein fehlerhaft gebildeter oder durch einen anderen Kasus ersetzter Dativ wird daher (dem vorausgehenden) Meilenstein III zugeordnet, weil Meilenstein IV eben noch nicht erreicht ist.

Bei der Verbflexion wäre es grundsätzlich möglich, weiter zu differenzieren; die 3. Person Singular wird in der Regel zuerst erworben, danach die 1. Person Singular, zuletzt die 2. Person Singular. Bei den Pluralformen entsprechen die 1. und die 3. Person dem Infinitiv, spät erworben wird die 2. Person Plural (s. Kap. 3.1.2). Da aber in Spontansprachproben nicht alle Flexionsformen vorkommen (können), wurde darauf verzichtet. Die Differenzierung kann selbstverständlich im Einzelfall vorgenommen werden, wenn dies sinnvoll erscheint.

Kategorie	Beschreibung	Beispiel	Meilenstein
flek	Verb (Präsens) nicht oder inkorrekt flektiert	Hund **wolle** Ball. Papa Auto **fahr.** Da Katze **trag** Maus.	II
Gn	Genusmarkierung fehlt oder nicht korrekt (auch bei Pronomen)	Da ist **eine** Vogel. Da ist **mein** Mama. Mit Saufel. **die** (für der Maulwurf)	I
Akk	Akkusativ inkorrekt gebildet bzw. Akkusativmarkierung fehlt	Ich habe _ Papa. Er hat **einen großen** Maul. War **kleinen** Haus.	II
Dat	Dativ inkorrekt gebildet bzw. Dativmarkierung fehlt oder Dativ wird durch einen anderen Kasus (meist Akkusativ) ersetzt	Die Katze badet in **dem Milch** drin. Die Katze sitzt auf **den** Baum.	III
Pl	Pluralbildung nicht korrekt bzw. Plural nicht markiert	Der hat zwei **Schuh.** zwei **Hausen**	II
Perf	Perfekt nicht korrekt gebildet	**Hab** i **_sehn.** Und nicht die **geseh.**	II
Prät	Präteritum nicht korrekt gebildet	Der **willte** das nicht. Der **schwomm** weg.	II

Tab. 13: Kategorien Morphologie

5.4 Analyseregeln und Kategorien WASP-S: Lexikon und Semantik

Die Analyse auf der semantisch-lexikalischen Sprachebene kann unter Einbezug von Meilensteinen nur für den Erwerb der Wortarten (Lexikon) erfolgen, der Erwerb der Wortbedeutung lässt sich nicht analog zum Erwerb von Phonetik/Phonologie und Morphologie/Syntax definieren. WASP-S richtet den Blick zum einen auf die vom Kind verwendeten Wortarten und zum anderen auf Strategien, die Hinweise für Störungen auf der semantisch-lexikalischen Ebene sein können.

Wiederholt das Kind lediglich die Aussagen der Gesprächspartnerin bzw. des Gesprächspartners, wird dies nicht ausgewertet.

Für die Überprüfung des Wortschatzes werden die vom Kind verwendeten Wörter den Wortarten zugeordnet. Im frühen Wortschatzerwerb ist die Zuordnung der Wörter zu Wortarten laut Kannengieser (2019, 249) fragwürdig, weil die Funktion der vom Kind verwendeten Wörter nicht der erwachsenensprachlichen Verwendung entspricht. Auch aus diesem Grund ist es sinnvoll, WASP-S erst zu verwenden, wenn das Kind Drei- und Mehrwortsätze bildet. Bei der Zuordnung der vom Kind produzierten Wörter zu den Kategorien ist nicht relevant, ob die Wörter lautlich oder morphologisch korrekt sind, die Produktion „taputt" für *kaputt* wird folglich als Adjektiv gewertet. Jedes Lexem sollte jedoch nur einmal gezählt werden, d. h. eine wiederholte Verwendung eines Wortes in unterschiedlichen Flexionsformen wird bei gleichbleibender Wortart (*ich bringe/er bringt*) nicht doppelt gezählt, d. h. einfache Zählung bei *Fliege/Fliegen*, erneute Zählung, wenn zusätzlich eine Verbform verwendet wird (*fliegen/fliegt*).

Bei der Zählung muss nicht das Ziel verfolgt werden, die genaue Anzahl festzuhalten, es soll vielmehr die Frage geklärt werden, welche Wortarten bereits vorkommen. Mehr als fünf Wörter müssen daher in keiner Kategorie festgehalten werden, dies gilt insbesondere für Nomen und Vollverben. Die Unterscheidung Wortarten folgt morphosyntaktischen Kriterien, daher orientiert sich die Zuordnung zu den Meilensteinen an Clahsen (1982) bzw. Tracy (2008).

Kategorie	Beschreibung	Beispiel	Meilenstein
N_k	verwendete Konkreta	Hund, Katze, Maus, Haus	I
N_a	verwendete Abstrakta	Angst, Wut, Luft	I
VV	verwendete (Voll-)Verben	malen, laufen, singen	I
HV	verwendete Hilfsverben: Auxiliare und Modalverben	haben, sein (zur Bildung des Perfekts), können, wollen, müssen	II
A	verwendete Adjektive	rot, schön, lieb	I
uArt	verwendete unbestimmte Artikel	ein, eine, einer	II
bArt	verwendete bestimmte Artikel	der, die, das, den	II
Präp	verwendete Präpositionen	auf, unter, neben	III
Pro	verwendete Pronomen	er, ich, mein	III
Funk	weitere verwendete Funktionswörter	bald, nein, viel	III

Tab. 14: Kategorien Lexikon

Darüber hinaus werden auf der semantisch-lexikalischen Ebene verbale, aber auch nonverbale Verhaltensweisen festgehalten, die auf Schwierigkeiten bei der Wortfindung und beim Wortzugriff hinweisen. Diese (non-)verbalen Verhaltensweisen werden bei WASP-S nicht einfach gezählt, sondern stichwortartig notiert. Hier kann keine Zuordnung zu Meilensteinen stattfinden, weil sie zu unterschiedlichen Zeitpunkten des Spracherwerbs vorkommen können, d. h. an dieser Stelle werden Hinweise für Auffälligkeiten gesammelt, ohne diese den Spracherwerbsphasen zuzuordnen.

Kategorie	Beschreibung	Beispiel
Zeig	Zeigegeste	Kind zeigt auf etwas, statt es zu benennen
WF	Wortfindungs- bzw. Zugriffsschwierigkeiten	Kind signalisiert, dass ihm ein Wort nicht einfällt (Ähm ...); Gestik (z. B. Fingerschnipsen), die auf Zugriffschwierigkeiten hinweisen
VStr	Vermeidungsstrategien	Schweigen, ausweichendes Verhalten, ausweichende Antworten, Antworten mit feststehenden Ausdrücken, Floskeln, z. B. Kind beschäftigt sich mit andern Dingen Kind wechselt das Thema „Weiß nicht"; „Kenn ich nicht"; „Ach, stimmt ja, ..."
Ers_ä	Ersetzen von Wörtern durch ähnlich klingende	hingefallen statt reingefallen Vogelnetz statt Vogelnest Nadel statt Nagel
Ers_Um	Ersetzen von Wörtern durch Umschreibungen	„dann zünden wir an und dann geht das ganz hoch" (Silvesterrakete)
GAP	Verwenden von GAP-Verben	z. B. machen, haben, geben, kommen
PW	Verwenden von bedeutungslosen Passepartout-Wörtern für Nomen	Dings, Teil, sowas
NLog	Neologismen (Wortneuschöpfungen)	Abenteuerzeitung (Wanderkarte) Schlittschuhgolf (Eishockey)
Zeit	Merkmale der Zeitstruktur: Verzögerungen, Unterbrechungen, Pausenfüller, unnötige Wiederholungen (Perseverationen)	„also ich hab, also ich hab, ich hab ..."
RL1	Rückgriff auf Erstsprache	„da is cane" (cane = ital. Hund)

Tab. 15: Strategien zum Umgang mit semantischen/lexikalischen Schwierigkeiten

6. Fallbeispiel „Dalia"

Im Folgenden wird die Spontansprachprobe von Dalia (Name geändert) auf allen drei Sprachebenen ausgewertet. Dalia ist zum Zeitpunkt der Erhebung 4 Jahre und 9 Monate alt (4;9 Jahre). Ihre Erstsprache ist Türkisch, Deutsch lernt sie seit ihrem dritten Lebensjahr, vor allem im Kindergarten. Nach der Auswertung wird das Analyseergebnis interpretiert und die Konsequenzen für die Förderung/Therapie werden aufgezeigt.

Bei diesem Fallbeispiel handelt es sich um das Transkript einer dyadischen Bilderbuchbetrachtung. Die Bilderbuchbetrachtung wurde videographiert und anschließend orthographisch transkribiert, die Transkription folgt den in Kapitel 4.3 formulierten Regeln. Damit die Kategorisierung besser nachvollziehbar ist, wurden im Transkript sowohl die Auffälligkeiten farbig markiert als auch die entsprechenden Kategorien vermerkt. Auf der phonetischen/phonologischen Ebene werden in Wörtern produzierte Laute in vier Fällen jeweils zwei Prozessen zugeordnet, z. B. „dleines" für *kleines*. Hier werden die Prozesse Vorverlagerung (Vor) und Lenisierung (Leni) gekennzeichnet, im Transkript ist diese doppelte Zuordnung entsprechend vermerkt (Vor + Leni).

Da die pädagogische Fachkraft mit Dalia allein im Dialog ist, wird das Gespräch nicht durch Äußerungen anderer Kinder beeinflusst. An diesem Beispiel lässt sich zudem anschaulich nachvollziehen, dass die Fachkraft häufig Fragen stellt und Modellierungstechniken anwendet, die Dalia immer wieder zum Weitersprechen anregen. In Kapitel 6.4 werden Anregungen gegeben, welche weiteren Frageformen und Modellierungstechniken im Sinne einer Förderung eingesetzt werden können, um die Verwendung bestimmter Strukturen stärker anzuregen.

Anhand des Beispiels soll auch deutlich gemacht werden, wo sich bei der Interpretation einer Spontansprachprobe Schwierigkeiten zeigen können, weil sich bei einzelnen Äußerungen die Zielstruktur nicht eindeutig bestimmen lässt.

6.1 Transkript zum Fallbeispiel „Dalia" mit Kategorisierung

Das Transkript entstand auf der Basis einer videographierten Bilderbuchbetrachtung. Im Transkript werden folgende Zeichen verwendet (vgl. Kap. 4.3):

Zeichen	Verwendung
(kursiv)	Gestik, Mimik, begleitende Handlungen, Besonderheiten in der Lautung
( )	unverständliche Äußerungen
(Text)	nicht gut verständliche Äußerungen
(-)	Pause bis 3 Sek.

Zur leichteren Nachverfolgung der Auswertung wurde das Transkript ergänzt:

- In Dalias Äußerungen sind zu kategorisierende Abweichungen und (sprachliche) Handlungsweisen farbig markiert: **Phonetik/Phonologie**, **Grammatik**, **Semantik/Lexikon**; im Bereich der Syntax sind fehlende Wörter mit farbig markierten Spatien kenntlich gemacht (nicht zu verwechseln mit Pausen in der gesprochenen Sprache!).
- Hinter Dalias Äußerungen steht in geschweiften Klammern die für die Auswertung angenommene Zielkonstruktion.
- Hinter der geschweiften Klammer stehen die Auswertungskategorien in der Reihenfolge ihres Vorkommens.

Die Auswertung ist in Kapitel 6.2 in die Auswertungsbögen WASP-P, WASP-G und WASP-S übertragen, damit die Zuordnung zu den Meilensteinen sichtbar wird, in Kapitel 6.3 erfolgt die Interpretation der Auswertung.

Transkript

Eine pädagogische Fachkraft (FK) betrachtet mit Dalia (4;9) ein Bilderbuch. Dalia spricht sehr häufig unverständlich. Die Fachkraft stammt aus dem Ruhrgebiet, ihre Sprache ist regional gefärbt, das „ne?" am Ende ihrer Äußerungen stellt eine Form der Bestätigung dar, ähnlich wie „gell?".

FK: Ich halte, und du schlägst um? Gut. Hui, da gibt's aber viel zu sehn, oder? Hmm? Was kannst du denn da sehn?
Dalia: Ein Pferd.
FK: Mhmm. Wo is denn da ein Pferd? Zeig mir das doch mal. Ein großes Pferd.
Dalia: Und ein dleines Pferd, ( ) ein Pony. {Und ein kleines Pferd, ( ) ein Pony.} Vor+Leni
FK: Und ein kleines Pferd und ein Pony. Und was is das, da is ja auch noch ein Pferd?
Dalia: ( ).
FK: Is das auch ein Pony?
Dalia: De i ein Esel. {Da/Das/Der (nicht eindeutig) ist ein Esel.} RMK
FK: Das is ein Esel, was macht der denn da?
Dalia: Wasser krinken. {Wasser trinken} Rück+Ass
FK: Der trinkt da gerade Wasser. Oh, der hat bestimmt Durst, oder?
Dalia: Und da Katze. {Und da ist eine Katze.} V Gn
FK: Da ist eine Katze.
Dalia: Und die ( ).
FK: Eine große Katze is das? Was hat die denn da für ein schönes Fell?
Dalia: Ja, und da i den tleine Katze. {Ja, und da ist die/eine kleine Katze.} RMK Gn Vor

FK: Und das is die kleine Katze, ne?
Dalia: Und noch viele Katze. {Und noch viele Katzen.} Pl
FK: Wieviel sind das denn?
Dalia: Vier Zücke. {Vier Stück.} Aff+RMK Epen
FK: Komm wir zähln mal. Da is eine kleine Katze.
Dalia: Da eine. {Da ist eine.} V
FK: Eins, zwei, drei, vier.
Dalia: *(parallel zur FK)* **Zwei, drei, vier.**
FK: Vier Babykatzen, ne?
Dalia: ( ).
FK: Und was macht die große Katze mit der kleinen Katze?
Dalia: Fünf ( ).
FK: Die trächt das, ne?
Dalia: Ja.
FK: Die trächt das Baby im Maul. Mhmm. Ne, so machen das die Katzen. Die nehm ihre Babys ins Maul und tragen die so, weil die könn ja nich mit den Händen tragen. Die ham Pfoten und auf den Pfoten laufen die, also nehm sie das Baby ins Maul, ne?
Dalia: Und dien. {(unklar)}
FK: Was ham wa da? Kennst du das Tier?
Dalia: *(schüttelt den Kopf)*
FK: Soll ich dir sagen, wie das heißt?
Dalia: *(nickt)*
FK: Das is ein Maulwurf.
Dalia: Ein Maulfure. {Ein Maulwurf} Forti RMK Epen
FK: Ein Maulwurf.
Dalia: Und die Erde raben. {Und der gräbt in der Erde.} Gn V2 flek RMK Präp Gn Dat
FK: Genau, der grabt in der Erde, ne? Ganz kleine Wege. Der wohnt auch unter der Erde, ne?
Dalia: Und die ( ).
FK: Das hab ich jetzt nicht verstandn, sag mir das nochmal.
Dalia: Die will etzen, Einhörnchen zammeln.
{Der will essen, Eichhörnchen sammeln (Sinn unklar)} Gn Aff Ers_ä Aff
FK: Eichhörnchen sammelt der? Nö. Das macht der Maulwurf nich. Ne, der lebt unten unter der Erde. Vielleicht hast du auf der Wiese schonmal so kleine Sandhügel gesehen.
Dalia: Und dei. {Und drei} RMK
FK: Die buddelt der Maulwurf.
Dalia: Und deie Ente Wasser. {Und drei Enten sind im Wasser.} RMK Epen Pl V Präp Dat
FK: Da sind Enten im Wasser.
Dalia: Ja.
FK: Auch ganz viele, ne.
Dalia: Da is noch ( ).
FK: Mhmm.
Dalia: Da it ( ) **eine Ente.** {Da ist eine Ente.} RMK
FK: *(parallel zu Dalia)* Kleine Enten sind da.
Dalia: Und da i der Mama-Ente. {Und da ist die Mama-Ente.} RMK Gn
FK: Und das is die Mama-Ente, ne. Die kleinen Enten, die schwimmn. Siehst du das? Die schwimmen im Wasser. Und schau mal, was macht die denn da?
Dalia: Die unter Wasser kauch. {Die taucht unter Wasser.} Rück+Ass V2 flek
FK: Ja genau, die is unter Wasser, ne, mit ihrm Kopf. Hmm. Die hat sich unter Wasser wegge.
Dalia: *(parallel zur FK)* **Und die Kuhe.** {Und die Kühe.} Pl

FK: Und die Kühe

Dalia: **wille Ch(-)ras essen.** {wollen Gras essen.} flek Fri

FK: Die möchten Gras essen. Richtig.

Dalia: **Und noch ein Katte da.** {Und da ist noch eine Katze.} V Gn Plo

FK: Noch eine Katze geht da spazieren. Aber die Kuh da oben, die isst kein Gras. Was macht die denn?

Dalia: **Wasser .** {Wasser trinken} V

FK: Was macht die mit dem Wasser?

Dalia: **Rinken.** {trinken} RMK

FK: Die trinkt das Wasser. Die hat auch Durst, ne. Genauso wie der?

Dalia: **Esel.**

FK: Genauso wie der Esel. Mhmm.

Dalia: **Un wa mat der Hund?** {Und was macht der Hund?} Aus RMK

FK: Was macht der Hund da? Guck mal?

Dalia: **Die will etzen.** {Der will essen.} Gn Aff

FK: Der will essen? Das weiß ich nich, guck mal. Was hat der denn da am Hals?

Dalia: **Eine, ähm.** {Eine, ähm.} WF

FK: Eine Leine? Is der angeleint?

Dalia: **Andileint.** {Angeleint.} Vor Vok

FK: Die Leine ist festgemacht an der Hundehütte. Das is richtig. Und was macht der? Spricht der da mit wem? Bellt der jemanden an?

Dalia: **Nein.**

FK: Nein? Sieht das nicht so aus, als wenn der die Ziege anbellt?

Dalia: **Die will nur gucken, die Zie .** {Die will nur gucken, die Ziege.} VmW

FK: Die Ziege will nur gucken. Mhmm. Ob der Hund heute lieb is.

Dalia: **Ja. Und da is noch Sweine etzen.** {Ja. Und da sind noch Schweine, die essen.} flek Vor Pro Aff

FK: Da sind noch ganz viele Schweine. Guck mal, die fressen auch.

Dalia: **Wa is da, Ras?** {Was ist da, Gras?} Aus RMK

FK: Die essen kein Gras. Schau mal, was machen die denn da?

Dalia: **Die lafen.** {Die schlafen.} RMK

FK: Die schlafen. Das sind auch Babyschweine, ne. Guck mal, wie klein die sind. Ne? Ganz kleine Schweine. Mhmm.

Dalia: **Und da i nof ein Vogel.** {Und da ist noch ein Vogel.} RMK Vor

FK: Wo sitzt denn der Vogel?

Dalia: **Da.** *(zeigt ins Buch)* Zeig

FK: Wo ist das denn?

Dalia: **Da in Baume.** {Da auf dem Baum} Präp Gn Dat Epen

FK: Oben auf dem Baum sitzt der Vogel, ganz oben.

Dalia: **Ja, und dei.** {Ja, und die/drei (nicht eindeutig)}

FK: Da is noch ein Vogel, ne. Und wo sitzt der?

Dalia: **Da in da is ( ).**

FK: Der sitzt im Nest. Und der andere Vogel sitzt auf dem Ast. Ganz hoch oben. Siehst du das? Wie hoch der Baum is? Und dann könn die alles sehn, ne.

Dalia: *(parallel zur FK)* **Da i noche einer.** {Da ist noch einer.} RMK Epen

6.2 Ausgefüllte Analyseraster

WASP-P Phonetik/Phonologie

Dalia	4 ; 9		
Name des Kindes	*Alter (Jahre; Monate)*	*Datum der Erhebung*	*Untersucher*in*

Kategorie	Beschreibung	Meilenstein I	Meilenstein II	Meilenstein III
phonetische Fehlbildung	Fehlbildung von Phonemen: Phonem wird durchgängig inkorrekt gebildet	keine phonetischen und artikulatorischen Auffälligkeiten		
Strukturprozesse				
Aus	Auslassung (finaler) Konsonanten (außer RMK)	II		
RMK	Reduktion der Mehrfachkonsonanz		卌 卌 卌	
VmW	Vereinfachung mehrsilbiger Wörter	I		
Epen	Epenthese: Phonem wird hinzugefügt	卌		
VvSW	Verdrehung von Silben oder Wortteilen			
Ersetzungsprozesse				
Plo	Plosivierung: Frikative oder Affrikaten werden durch Plosive ersetzt	I		
Glot	Glottalisierung: Ersetzung eines Konsonanten durch /h/			
Ass	Assimilation: Phonem wird an ein anderes Phonem im Wort angeglichen		II	
Vor	Vorverlagerung: Phonem wird durch ein weiter vorne gebildetes Phonem ersetzt		/g/, /k/, /r/ IIII	/ʃ/, /ç/ I
Leni	Lenisierung: stimmhafte Variante des Phonems wird verwendet			I
Forti	Fortisierung: stimmlose Variante des Phonems wird verwendet			I
Vok	Vokalveränderung	I		
Rück	Rückverlagerung: Phonem wird durch ein weiter hinten gebildetes Phonem ersetzt	II		
DeAff	Deaffrizierung: Affrikaten werden durch Frikative ersetzt			
Fri	Frikativierung: Vibrant, Lateral, Nasal oder Plosiv wird durch einen Frikativ ersetzt	I		
Aff	Affrizierung: Ersetzung eines Frikativs durch eine Affrikate	卌		
Nas	Nasalierung: Phonem wird mit Beteiligung des Nasenraums gebildet			
Lat	Lateralisierung: Phonem wird durch den Lateral /l/ ersetzt			
Lab	Labialisierung: Phonem wird durch einen Labial ersetzt			

Summe der Zuordnungen zu den Meilensteinen	3	21	3
Summe der Zuordnungen ohne Meilenstein	15		

WASP-G Grammatik

Dalia — Name des Kindes

4 ; 9 — Alter (Jahre; Monate)

Datum der Erhebung

Untersucher*in

Kategorie	Beschreibung	Meilenstein I	Meilenstein II	Meilenstein III
Verbstellung				
V	Verb fehlt	𝍸		
V2	fehlende Verb-Zweitstellung im einfachen Hauptsatz, d. h. Verb ist vorhanden, aber an falscher Position		II	
lrV	bei zweiteiligen Verben ist nur eine Verbklammer besetzt			
VF	Verbstellung in Fragesätzen falsch			
rVN	bei Nebensätzen ist rechte Verbklammer nicht besetzt			
Stellung von Funktionswörtern				
nein	Kind verwendet "nein" statt "nicht" (auch in falscher Stellung) oder Verneinung fehlt			
Präp	Präposition fehlt, falsch oder an falscher Stelle im Satz		III	
Pro	Pronomen fehlt, falsch oder an falscher Stelle im Satz		I	
Konj	Konjunktion fehlt, falsch oder an falscher Stelle im Satz			
Morphologie				
flek	Verb (Präsens) nicht oder inkorrekt flektiert		IIII	
Gn	Genusmarkierung fehlt oder nicht korrekt (auch bei Pronomen)	𝍸 IIII		
Akk	Akkusativ inkorrekt gebildet bzw. Akkusativmarkierung fehlt			
Dat	Dativ inkorrekt gebildet bzw. Dativmarkierung fehlt oder Dativ wird durch einen anderen Kasus ersetzt			III
Pl	Pluralbildung nicht korrekt bzw. Plural nicht markiert		III	
Perf	Perfekt inkorrekt gebildet			
Prät	Präteritum inkorrekt gebildet			

Summe der Zuordnungen zu den Meilensteinen	14	13	3

WASP-S Lexikon und Semantik

Dalia	4 ; 9		
Name des Kindes	*Alter (Jahre; Monate)*	*Datum der Erhebung*	*Untersucher*in*

Kategorie	Beschreibung	Meilenstein I	Meilenstein II	Meilenstein III
N_k	verwendete Konkreta	𝍸 𝍸 𝍸 𝍷		
N_a	verwendete Abstrakta			
VV	verwendete (Voll-)Verben	𝍸 𝍷𝍷𝍷𝍷		
HV	verwendete Hilfsverben: Auxiliare und Modalverben		𝍷	
A	verwendete Adjektive	𝍸 𝍷		
uArt	verwendete unbestimmte Artikel		𝍷𝍷𝍷	
bArt	verwendete bestimmte Artikel		𝍷𝍷𝍷	
Präpo	verwendete Präpositionen			𝍷𝍷
Prono	verwendete Pronomen			𝍷
Funk	weitere verwendete Funktionswörter			𝍸
Summe der Zuordnungen zu den Meilensteinen		31	7	8

Kategorie	Beschreibung	Äußerungen
Zeig	Zeigegeste	„Da" (zeigt auf den Vogel auf dem Baum)
WF	Wortfindungs- bzw. Zugriffsschwierigkeiten	„ähm" (fehlendes Wort: Leine / Kette)
VStr	Vermeidungsstrategien	
Ers_ä	Ersetzen von Wörtern durch ähnlich klingende	„Einhörnchen"
Ers_Um	Ersetzen von Wörtern durch Umschreibungen	
GAP	Verwenden von GAP-Verben (machen, tun etc.)	
PW	Verwenden von bedeutungslosen Passepartout-Wörtern für Nomen	
NLog	Neologismen (Wortneuschöpfungen)	
Zeit	Merkmale der Zeitstruktur: Verzögerungen, Unterbrechungen, Pausenfüller, unnötige Wiederholungen	
RL1	Rückgriff auf Erstsprache	

6.3 Interpretation der Auswertung

Nicht in die Auswertung einbezogen werden Äußerungen, die nicht zweifelsfrei interpretierbar sind, z. B. das erste Wort der Äußerung „De i ein Esel.“. Hier ist nicht klar, ob das Kind „Der ...“ oder „Da ist ein Esel“ meint. In solchen Fällen ist es nicht sinnvoll, das Wort Kategorien zuzuordnen. An anderen Stellen sagt Dalia „und dien“ bzw. „und dei“; hier lässt sich das Zielwort für „dien“ bzw. „dei“ ebenfalls nicht eindeutig erschließen.

Als umgangssprachlich korrekt werden die Formen „un“ (*und*) und „is“ (*ist*) gewertet. Das Wort *ist* realisiert Dalia unterschiedlich: „i“, „is“ oder auch „it“. Wenn Dalia *ist* nur als „i“ artikuliert, reduziert sie die Konsonantenhäufung /st/ am Ende komplett, in diesem Fall wird „i“ der Kategorie Reduktion der Mehrfachkonsonanz (RMK) zugeordnet; diese Kategorie trifft ebenso bei „it“ zu.

Mehrfach vorkommende Fehler werden mehrfach gekennzeichnet, weil Dalia Wörter nicht immer gleich artikuliert. Das Wort *Gras* produziert sie einmal als „Ras“, einmal als „Ch-ras“. Besonders auffällig ist die schon genannte Artikulation des Wortes *ist* („i“, „is“, „it“), hier wurden alle fehlerhaften Produktionen gezählt.

6.3.1 Phonetische/phonologische Ebene

Dalia zeigt keine Fehlbildung von Lauten, es sind aber einige phonologische Prozesse feststellbar. Wie unter 5.2 dargestellt, sollten nur Prozesse als regelmäßig vorkommende eingeordnet werden, die mindestens dreimal zu beobachten sind. Die Vereinfachung mehrsilbiger Wörter (VmW), die Vokalveränderung (Vok), die Plosivierung (Plo), Lenisierung (Leni) und Fortisierung (Forti) sowie die Frikativierung (Fri) kommen jeweils nur einmal vor, die Rückverlagerung in Kombination mit einer Assimilation zweimal (*trinken* → „krinken“, *tauchen* → „kauch“). Diese Prozesse können somit vernachlässigt werden. Zweimal kommt es zur Auslassung eines Konsonanten, das Wort *was* wird zu „wa“ verkürzt. Das Wort *Maulwurf* kennt Dalia nicht, die Fachkraft spricht es ihr vor und verwendet es im Gesprächsverlauf noch dreimal (Repetition), damit Dalia das Wort in ihren Wortschatz aufnehmen kann. Dalia artikuliert „Maulfure“. Sie nimmt bei /v/ eine Fortisierung (Forti) vor, und reduziert die Konsonantenhäufung /rf/ am Wortende auf /r/ und fügt das Schwa /ə/ an. Diese Epenthese (Epen) des ə-Schwa am Wortende zeigt Dalia insgesamt fünfmal („Zücke, Maulfure, deie, Baume, noche“). Ebenso häufig sind Affrizierungen (Aff) sowie Vorverlagerungen (Vor) festzustellen. Dalia ersetzt sowohl den stimmhaften (*sammeln* → „zammeln“) als auch den stimmlosen (*essen* → „etzen“) s-Laut, aber auch /ʃ/ (*Stück* → „Zücke“) durch die Affrikate /ts/, allerdings nicht durchgängig. Sie verwendet das stimmhafte /z/ („Esel“) wie auch das stimmlose /s/ („Wasser“, „is“) und ersetzt /ʃ/ im Wort *Schweine* durch /s/ („Sweine“). Die Vorverlagerung betrifft zum einen /g, k/ (*angeleint* → „andient“, *klein* → „tlein/dlein“) sowie das /ʃ/ (*Schweine* → „Sweine“), aber auch das /x/ (*noch* → „nof“). Das /k/ kann Dalia grundsätzlich bilden („Katze/Katte, Kuhe, rinken, gucken, krinken, kauch“), ebenso das /x/ („Ch-ras, kauch, noche“), das /ʃ/ reduziert sie in der Mehrfachkonsonanz (*schlafen* → „lafen“). Die Reduktion der Mehrfachkonsonanz ist der am häufigsten (15-mal) zu beobachtende Prozess. Davon häufig betroffen ist die Verbform *ist* („i“, „it“), zudem am Wortanfang die Konsonantenhäufungen /dr/, /tr/ (*drei* → „dei“, *trinken* → „rinken“) und /gr/ (*graben* → „raben“, *Gras* → „Ras“, aber auch „Ch-ras“) sowie das bereits erwähnte /ʃ/ in der Konsonantenhäufung /ʃl/ (*schlafen* → „lafen“). Am Wortende werden ebenfalls zweimal Konsonantenhäufungen reduziert: /xt/ (*macht* → „mat") und wie schon genannt /rf/ (*Maulwurf* → „Maulfure"). Beim Wort *Stück* kommen mehrere Prozesse zusammen: das /ʃ/ wird zu /ts/ (Aff), zudem wird /t/ aus der Konsonantenhäufung /ʃt/ getilgt (RMK), am Ende wird /ə/ hinzugefügt (Epen).

Betrachtet man die Prozesse hinsichtlich der Meilensteine, so zeigt sich, dass die meisten der beobachtbaren Prozesse Meilenstein II zuzuordnen sind (RMK, Vor) oder keine Zuordnung zu einem Meilenstein haben (Epen, Aff). Im normalen Spracherwerb ist die Reduktion der Mehrfachkonsonanz bis zum Alter von 4 Jahren zu erwarten. Die Vorverlagerung von /g, k/ ist bis zum Alter von 3 ½ Jahren physiologisch, d. h. normal, die Vorverlagerung von /ʃ/ zu /s/ bis zum Alter von 5 Jahren. Hinsichtlich ihres Erwerbs des phonologischen Systems ist Dalia somit ein wenig verzögert. Bedenkt man aber, dass Dalia Deutsch als Zweitsprache lernt und als Erstsprache Türkisch spricht, lässt sich der am häufigsten vorkommende Prozess, die Reduktion der Mehrfachkonsonanz (RMK), leicht erklären: Im Türkischen gibt es keine Konsonantenhäufungen, daher sind diese für Dalia möglicherweise besonders schwierig.

6.3.2 Morphosyntaktische Ebene

Die Analyse von Dalias Fähigkeiten auf der morphosyntaktischen Ebene zeigt, dass in fünf ihrer Äußerungen das Verb fehlt, in zwei Äußerungen steht das Verb nicht an zweiter Stelle, sondern am Ende der Äußerung. Die Verbflexion ist in vier Fällen nicht korrekt (*der gräbt in der Erde* →„die Erde raben", *die taucht unter Wasser* → „die unter Wasser kauch", *die wollen Gras essen* → „wille Ch-ras essen", *und da sind noch Schweine* → „und da is noch Sweine"). Insgesamt spricht Dalia ausschließlich in Hauptsätzen, Nebensätze kommen noch nicht vor. Da im Gespräch die Bilderbuchseiten betrachtet werden, findet das gesamte Gespräch im Präsens statt. Ob Dalia bereits Vergangenheitsformen bilden kann, lässt sich auf der Basis dieser Spontansprachprobe nicht feststellen.

Die Beschreibung der Bilder erfordert immer wieder ähnliche Konstruktionen und Wörter (zum Wortschatz s. u.). Die vorkommenden Tiere und ihre Tätigkeiten werden benannt, zum Teil beschreibt Dalia auch, wo sich die Tiere befinden. In drei Fällen beginnt Dalia ihre Äußerung mit „die will" – unabhängig vom Genus des agierenden Tieres: „die will etzen" bezieht sich einmal auf den Maulwurf, einmal auf den Hund, obwohl sie in der vorhergehenden Äußerung den richtigen Artikel verwendet hatte („un wa mat der Hund?"). Dalia verwendet außer *wollen* kein weiteres Hilfsverb. Möglicherweise hat sie „die will" als Ganzheit abgespeichert. Die Äußerung „die will nur gucken, die Zie" wird von der Fachkraft im wörtlichen Sinne aufgegriffen, sie geht davon aus, dass Dalia sagen möchte, die Ziege wolle den Hund anschauen, dies wird von Dalia auch so bestätigt. Da es im Vorfeld jedoch um den Hund geht, könnte Dalia auch gemeint haben, dass der Hund die Ziege nicht anbellt, sondern nur anschauen will. Da die Zielkonstruktion nicht eindeutig ist, wird die Äußerung grammatisch nicht kategorisiert; im Falle einer Kategorisierung wäre ein weiterer Genusfehler zu zählen. Die Genusmarkierung (Gn) stellt die Kategorie mit den meisten Zuordnungen (9) dar, in drei Fällen fehlt die Genusmarkierung, in sechs Fällen ist sie nicht korrekt („den tleine Katze, die [Maulwurf] Erde raben, die [Maulwurf] will etzen, der Mama-Ente, noch ein Katte da, die [Hund] will etzen"). Abgesehen von dem Baustein „die will" lässt sich bei der inkorrekten Verwendung keine Regelmäßigkeit feststellen. Eine korrekte Zuordnung von Artikeln nimmt Dalia etwas häufiger vor („ein Pferd, ein Pony, eine Ente, die Kuhe, der Hund, die Zie[ge], ein Vogel, noch einer [noch ein Vogel]"). Für Kinder mit Deutsch als Zweitsprache stellt die Genusmarkierung ohnehin eine besondere Herausforderung dar. Dass es im Türkischen keine Genusmarkierung gibt, kommt für Dalia erschwerend hinzu.

In drei Fällen fehlt die Präposition bzw. es wird eine falsche Präposition verwendet. Geht man bei ihrer Äußerung „Und die Erde raben" von der Zielkonstruktion *und der gräbt in der Erde* (der Satz bezieht sich auf den Maulwurf) aus, zeigt sich nicht nur, dass die Präposition *in* fehlt, sondern auch die schon benannte falsche Verbstellung (V2 mit RMK) sowie zweimal eine falsche bzw. fehlende Genusmarkierung (*der Maulwurf* → „die", *in der Erde* → „Erde"). Die Präposition fehlt auch in den Äußerungen „deie Ente Wasser" (*drei Enten sind im Wasser*) und „da in Baume" (*da auf dem Baum*). In allen drei Fällen wäre die Dativmarkierung erforderlich, die Dalia noch nicht beherrscht.

Die Pluralbildung bereitet Dalia in drei Fällen Probleme („viele Katze, deie Ente, die Kuhe"), die korrekte Pluralendung setzt sie bei „Sweine" (*Schweine*). In dem Satz „und da is noch Sweine etzen" wäre ein Pronomen erforderlich (*und da sind noch Schweine, **die** essen*). Das Türkische kennt weniger Pluralformen als die deutsche Sprache. Für Kinder mit Deutsch als Zweitsprache ist es sinnvoll, bei der Einführung neuer Wörter die Pluralform ebenfalls zu benennen.

Deutlich wird, dass sich Dalias Äußerungen hinsichtlich Syntax und Morphologie größtenteils Meilenstein II zuordnen lassen, allerdings sind die zum Teil fehlenden Verben und die Unsicherheiten hinsichtlich der Genusmarkierung auffällig. Sie verwendet viermal das Hilfsverb *wollen* in der 3. Person Singular (korrekt) bzw. Plural (nicht korrekt) und besetzt in diesen Fällen die rechte Verbklammer, in zwei Fällen ist dabei das Mittelfeld besetzt („wille Ch-ras essen", „die will nur gucken"). Trennbare Verben verwendet Dalia nicht, Äußerungen im Perfekt kommen nicht vor (in der Bilderbuchbetrachtung nicht zwingend erforderlich), die Besetzung der rechten Verbklammer ist also auf die beiden genannten Äußerungen beschränkt. Mehrfach antwortet Dalia in Einwortsätzen, was zum Teil in den Fragen der Fachkraft begründet ist (FK: „Aber die Kuh da oben, die isst kein Gras. Was macht die denn?" Dalia: „Wasser" FK: „Was macht die mit dem Wasser?" Dalia: „rinken").

Dalia lernt Deutsch (sukzessiv-bilingual) als Zweitsprache. Vor diesem Hintergrund lässt sich die zeitliche Verzögerung in ihrem Erwerb erklären. Umso wichtiger ist es, dass Dalia kontinuierlich und alltagsintegriert im Erwerb der deutschen Sprache unterstützt wird.

Kategorie	Beschreibung	Beispiel
N_k	verwendete Konkreta	Pferd, Pony, Esel, Wasser, Katze, Stück, Erde, Ente, Mama, Kuh, Gras, Hund, Ziege, Schweine, Vogel, Baum
N_a	verwendete Abstrakta	-
VV	verwendete (Voll-)Verben	sein (ist), trinken, graben, essen, sammeln, tauchen, machen, gucken, schlafen
HV	verwendete Hilfsverben: Auxiliare und Modalverben	wollen (will)
A	verwendete Adjektive	klein, viel, zwei, drei, vier, fünf
uArt	verwendete unbestimmte Artikel	ein, eine, einer
bArt	verwendete bestimmte Artikel	die, der, den
Präp	verwendete Präpositionen	unter, in
Pro	verwendete Pronomen	was
Funk	weitere verwendete Funktionswörter	und, da, ja, noch, nur

Tab. 16: von Dalia verwendeter Wortschatz

6.3.3 Semantisch-lexikalische Ebene

Da Dalia für ihre Beschreibung des Geschehens im Bilderbuch mit einem recht übersichtlichen Wortschatz auskommt, werden für die Analyse alle Wörter gezählt, hier in der korrekten Zielform und bei Verben im Infinitiv, weil es um die Wortbedeutungen geht. Nicht gezählt werden die nachgesprochenen Wörter (*Maulwurf, angeleint*) sowie die Ersetzung „Einhörnchen". Dalia verwendet 16 Konkreta, Abstrakta benutzt sie nicht. Neben den neun verwendeten Vollverben (die Form von *sein* gebraucht sie als Vollverb) benutzt sie das Hilfsverb *wollen*. Adjektive kommen kaum vor, Dalia verwendet mehrfach die Adjektive *klein* und *viele*, beim Zählen die Zahladjektive *zwei, drei, vier* und *fünf*. Den unbestimmten Artikel gebraucht sie in den Formen *ein, eine* und *einer*, den bestimmten Artikel in den Formen *die, der* und *den*; *das* kommt nicht vor. Sehr häufig verwendet Dalia die Konjunktion *und*, häufig die Adverbien *da, ja* und *noch*, einmal das Adverb *nur*. Zudem benutzt sie die Präpositionen *unter* und *in* sowie zweimal das Fragepronomen *was*. Insgesamt ist Dalia an der Bilderbuchbetrachtung interessiert und versucht sich einzubringen. Vermeidungsstrategien sind nicht zu beobachten. Einmal weicht Dalia auf eine Zeigegeste aus (zeigt den Vogel auf dem Baum), einmal signalisiert sie durch ein „Ähm", dass ihr das Wort *Leine* oder eher *Kette* (Hund ist an der Hundehütte angekettet) fehlt. Die Morphologie des Wortes *Eichhörnchen* ist ihr nicht bewusst, sie bezeichnet das Tier als „Einhörnchen", also mit einem ähnlich klingenden, aber sinnvollen Wort. Um ihren Wortschatz zu erweitern, stellt Dalia im letzten Drittel zweimal eine Frage („Un wa mat der Hund?", „Wa is da, Ras?").

Auf der Wortschatzebene zeigt Dalia einen deutlichen, in ihrer Mehrsprachigkeit begründeten Förderbedarf. Betrachtet man z. B. die Vollverben, so wird deutlich, dass Dalia häufig *und da ist* verwendet, Verben wie *sitzen, stehen, liegen* oder *laufen* kommen nicht vor. Auch der Einsatz von Adjektiven ist sehr reduziert. Für den Erwerb der Grammatik ist die Verwendung von Präpositionen ein relevanter Aspekt, Dalia beschränkt sich auf *unter* und *in*, letzteres anstelle von *auf*.

6.4 Konsequenzen für die Förderung/Therapie

Dalia muss im Erwerb ihrer Zweitsprache Deutsch kontinuierlich unterstützt werden, sie befindet sich aber auf einem guten Weg und zeigt Interesse (Fragen zur Wortschatzerweiterung) am Zweitspracherwerb. Für die Förderung im Kindergartenalltag liefert die Spontansprachprobe bereits konkrete Hinweise. An dieser Stelle kann kein kompletter Förderplan mit detaillierter Umsetzung dargelegt werden. Vielmehr sollen die herausgearbeiteten Förderschwerpunkte und exemplarisch Fördermöglichkeiten benannt werden.

Im Vordergrund sollte die Wortschatzförderung stehen. Ein begrenzter Wortschatz kann zum einen die Möglichkeit des Erzählens einschränken, auch Dalia kann sich nur wenig zu den Bildern äußern. Zum anderen ist der Wortschatz für den Grammatikerwerb erforderlich; grammatische Strukturen können nur dann aus der Inputsprache abgeleitet werden, wenn die Wörter semantisch bekannt sind.

Eine sinnvolle Strategie zur Wortschatzförderung, die von der pädagogischen Fachkraft im Fallbeispiel angewandt wird, stellt das Anbieten eines unbekannten Wortes (Wortpräsentation: *Maulwurf*) und die darauffolgende Repetition dar. Für die Erarbeitung neuer Wörter ist es nützlich, zur Veranschaulichung ein Bild (wie im Beispiel geschehen) oder Gegenstand zu verwenden und die Merkmale des Tieres oder Gegenstandes genau zu beschreiben. Dabei sollte das Wort mehrfach verwendet werden, damit es vom Kind gespeichert werden kann. Eine verlangsamte, deutliche Aussprache und zusätzliche Informationen können die Begriffsvertiefung unterstützen, ebenso wie das Herstellen eines Lebensweltbezugs (Itel/Haid, 2020). Um Dalia die Gelegenheit zu geben, das Wort *Maulwurf* selbst korrekt auszusprechen, wäre es auch möglich gewesen, in der Bilderbuchbetrachtung zu einem späteren Zeitpunkt noch einmal auf den Maulwurf einzugehen („Jetzt schauen wir uns den Maulwurf noch einmal an ...").

Weil Dalia nur wenige Adjektive nutzt, wäre eine entsprechende Unterstützung sinnvoll, z. B. über Farbadjektive oder Gegensätze (*groß – klein, dick – dünn*). Ihr Repertoire an Verben könnte Dalia erweitern, wenn ihr spezifische Verben (*essen – fressen, trinken – saufen*), auch im Kontrast, angeboten werden. Verben, die Bewegung ausdrücken (*rennen, laufen, hüpfen, schleichen, springen*), könnten mit entsprechenden Bewegungen erarbeitet werden, was die Speicherung erleichtert.

Fragen lassen sich nicht nur gezielt einsetzen, um Wortschatz zu erfragen, sondern auch, um bestimmte grammatische Strukturen hervorzurufen und zu fördern. Bei Dalia wird deutlich, dass sie nur wenige Präpositionen kennt. Die Fachkraft setzt häufig Ergänzungsfragen ein, z. B. „und wo sitzt der?" (erwartete Antwort: auf dem Baum). Hier kann auch eine Alternativfrage zielführend sein: *Sitzt der Vogel* ***auf*** *dem Baum oder* ***unter*** *dem Baum?* (Schönfelder, 2020). In Kombination mit der Erarbeitung von Verben wäre denkbar, über eine Alternativfrage zunächst Verben der Bewegung zu erarbeiten bzw. zu vertiefen (*Fliegt die Ente oder schwimmt die Ente?*), um danach die Verbindung mit Präposition und Dativ anzubieten: *Schwimmt die Ente auf dem Teich* oder *fliegt die Ente in der Luft?* Bei Fragen dieser Art ist es nicht intendiert, dass mit einem kompletten Satz geantwortet wird. Die Konzentration ist auf die zu erwerbende Struktur gerichtet (***auf dem*** *Teich*), ein kompletter Satz würde diese Konzentration einschränken, daher darf die Antwort auf die kürzeste Zielstruktur beschränkt bleiben (Motsch, 2017, 65).

Die Präpositionen könnte sich Dalia spielerisch aneignen, indem z. B. ein Stofftier *auf, in, neben, über, unter* etwas gelegt oder versteckt wird. Hier wäre auch ein Ratespiel („Liegt die Katze ***auf der*** Decke oder ***unter der*** Decke?") möglich. Denkbar wäre zudem, dass sich Dalia selbst *auf, neben, unter* die Decke legen darf. So käme Aktivität ins Spiel. Bei der Wortschatzarbeit ist zu bedenken, dass nicht zu viele Wörter gleichzeitig eingeführt werden (Itel/Haid, 2020), damit sich das Lernen ähnlicher Inhalte nicht gegenseitig behindert.

Die Fachkraft nutzt mehrfach die Modellierungstechnik des korrektiven Feedbacks (Motsch, 2017, 97 ff.; Löffler/Itel, 2020). Auf Dalias Äußerung „wille Ch-ras essen" antwortet sie: „Die möchten Gras essen. Richtig." Sie signalisiert („Richtig") einerseits, dass Dalias Aussage inhaltlich korrekt ist und dass sie verstanden wurde. Andererseits werden die Verbform und die lautliche Form des Wortes *Gras* richtig wiedergegeben. Für Dalia wäre es vielleicht besser gewesen, hier nicht ein anderes Hilfsverb zu verwenden, sondern die Form „wille" durch „wollen" zu korrigieren. Möglich wäre natürlich auch, im zweiten Schritt auf die Unterscheidung von *essen* und *fressen* einzugehen (Wortpräsentation, Merkmalsbeschreibung, Repetition und Lebensweltbezug). An einer anderen Stelle äußert Dalia: „Und noch ein Katte da." Auch hier reagiert die Fachkraft mit einem korrektiven Feedback, sie korrigiert zu „eine Katze" und erweitert gleichzeitig auf syntaktischer Ebene zu einem vollständigen Satz (Expansion): „Noch eine Katze geht da spazieren." Im weiteren Verlauf antwortet Dalia auf die Frage, was die Kuh mit dem Wasser macht, mit einem Einwortsatz: „Rinken." Diesem begegnet die Fachkraft mit einem korrektiven Feedback („die trinkt") und einer inhaltlichen Erweiterung (Extension): „Die trinkt das Wasser. Die hat auch Durst." Hier bietet die Fachkraft ein Abstraktum an; Abstrakta werden von Dalia in dieser Bilderbuchbetrachtung noch nicht verwendet.

Auf grammatischer Ebene ist Dalias Förderbedarf ebenfalls vielfältig. Besonders auffällig sind ihre Schwierigkeiten bei der Genusmarkierung. Bei der Wortschatzförderung sollte daher darauf geachtet werden, dass bei der Wortschatzpräsentation und -repetition die Artikel immer mitgenannt werden. Sprachförderlich wäre, auch die Nennung der Pluralformen in die Wortschatzförderung zu integrieren. Zentrales Ziel muss zudem sein, dass Dalia lernt, das flektierte Verb an die richtige Stelle im Satz zu setzen. Hier können wie oben gezeigt das korrektive Feedback und die syntaktische Erweiterung (Expansion) helfen. Denkbar wären aber auch Spielformen zum Bilderbuch, bei denen z. B. die Tiere mit einem passenden Verb der Bewegung benannt werden müssen: *Die Ente schwimmt. Die Katze schleicht. Der Hund rennt. Die Kuh läuft. Der Vogel fliegt. Der Maulwurf buddelt. Wer fliegt? Die Ente fliegt, der Vogel fliegt. Wer läuft? Die Katze läuft, der Hund läuft, die Kuh läuft. Wer krabbelt? Der Käfer krabbelt.* Auch auf diese Weise werden Grammatik- und Wortschatzförderung verbunden.

Im Vergleich zu Wortschatz- und Grammatikerwerb ist Dalias Spracherwerb auf der phonologischen Ebene fast altersgerecht. Die Vorverlagerungen sowie die Reduktion von Mehrfachkonsonanz kann sie möglicherweise im Zuge von Wortschatz- und Grammatikförderung mit überwinden, ebenso die Epenthese des /ə/-Schwa.

Modellierungstechniken lassen sich sehr leicht in den Gesprächsverlauf einbetten und auf allen Sprachebenen nutzen: zur lautlichen und grammatischen Korrektur sowie zur Erweiterung auf grammatischer und inhaltlicher Ebene. Sie sind daher im Kindergartenalltag zur Sprachförderung sehr gut einsetzbar. Beim Einsatz von Fragen hat vor allem die Alternativfrage sprachförderndes Potenzial, weil sie nicht nur Wortschatz abfragt, sondern dem Kind ein Modell liefert (Schönfelder, 2020).

7. Literatur

Adler, Yvonne (2010): Kompetenzentwicklungsmodell des Zweitspracherwerbs Deutsch bei Kindern unter 7 Jahren (KomMig). In: Die Sprachheilarbeit, 55 (3), 121–128.

Beckerle, Christine; Mackowiak, Katja (2019): Adaptivität von Sprachförderung im Kita-Alltag. In: Lernen und Lernstörungen, 8 (4), 203–211.

Beckerle, Christine; Mackowiak, Katja; Koch, Katja; Löffler, Cordula; Heil, Julian; Pauer, Ina; von Dapper-Saalfels, Tina (2018): Der Einsatz von Sprachfördertechniken in unterschiedlichen Settings in Kindertageseinrichtungen. In: Frühe Bildung, 7 (4), 215–222, https://doi.org/10.1026/2191-9186/a000396

Berg, Margit (2020): MuSE-Pro – Überprüfung grammatischer Fähigkeiten bei 5- bis 8-jährigen Kindern. 2., aktualisierte Aufl. Manual. München: Ernst Reinhardt Verlag.

Bruner, Jerome S. (1987): Wie das Kind sprechen lernt. Bern: Huber.

Bunse, Sabine (2014): Spracherwerb. In: Bunse, Sabine; Hoffschildt, Christiane (Hrsg.): Sprachentwicklung und Sprachförderung im Elementarbereich. München: Olzog, 38–95.

Chilla, Solveig (2020): Mehrsprachige Entwicklung. In: Sachse, Steffi; Bockmann, Ann-Katrin; Buschmann, Anke (Hrsg.) (2020): Sprachentwicklung. Entwicklung – Diagnostik – Förderung im Kleinkind- und Vorschulalter. Berlin: Springer, 109–130.

Clahsen, Harald (1982): Spracherwerb in der Kindheit. Eine Untersuchung zur Entwicklung der Syntax bei Kleinkindern. Tübingen: Narr.

Clark, Eve (1993): The Lexicon in Acquisition. Cambridge: University Press.

Egert, Franziska; Hopf, Michaela (2016): Zur Wirksamkeit von Sprachförderung in Kindertageseinrichtungen in Deutschland. In: Kindheit und Entwicklung, 25 (3), 153–163.

Ehl, Birgit; Paul, Michèle; Bruns, Gunnar; Fleischhauer, Elisabeth; Vock, Miriam; Gronostaj, Anna; Grosche, Michael (2018): Testgütekriterien der „Profilanalyse nach Grießhaber". Evaluation eines Verfahrens zur Erfassung grammatischer Fähigkeiten von ein- und mehrsprachigen Grundschulkindern. In: Zeitschrift für Erziehungswissenschaft, 21, 1261–1281.

Fiukowski, Heinz (2004): Sprecherzieherisches Elementarbuch. 7., neu bearb. Aufl. Studienbuch. Tübingen: Niemeyer.

Fox, Annette V. (2011): Kindliche Aussprachestörungen. Phonologischer Erwerb, Differenzialdiagnostik, Therapie. 6. Aufl. Idstein: Schulz-Kirchner.

Fox-Boyer, Annette V. (2014): Psycholinguistische Analyse kindlicher Aussprachestörungen-II (PLAKSS-II). München: Pearson.

Füssenich, Iris (2002): Semantik. In: Baumgartner, Stephan; Füssenich, Iris (2002) (Hrsg.): Sprachtherapie mit Kindern. 5. Aufl. München: Ernst Reinhardt Verlag, 63–104.

Glück, Christian W. (2001): Semantisch-lexikalische Störungen. In: Grohnfeldt, Manfred (Hrsg.): Lehrbuch der Sprachheilpädagogik und Logopädie, Bd. 2. Erscheinungsformen und Störungsbilder. Stuttgart: Kohlhammer, 75–87.

Graefen, Gabriele; Liedke-Göbel, Martina (2020): Germanistische Sprachwissenschaft. Deutsch als Erst-, Zweit- oder Fremdsprache. 3., überarb. u. erw. Aufl. Stuttgart: UTB.

Granzow-Emden, Matthias (2014): Deutsche Grammatik verstehen und unterrichten. 2. Aufl. Tübingen: Narr Francke Attempto.

Grimm, Hannelore (2015): SETK 3–5 – Sprachentwicklungstest für drei- bis fünfjährige Kinder. Göttingen: Hogrefe.

Hacker, Detlef (2002): Phonologie. In: Baumgartner, Stephan; Füssenich, Iris (Hrsg.): Sprachtherapie mit Kindern. 5. Aufl. München: Ernst Reinhardt Verlag, 13–62.

Hacker, Detlef; Wilgermein, Herbert (2001): Aussprachestörungen bei Kindern: Ein Arbeitsbuch für Logopäden und Sprachtherapeuten [plus CD-ROM mit dem AVAK-Test] 2. Aufl. München: Ernst Reinhardt Verlag.

Hoffschildt, Christiane (2014): Sprach- und Sprechstörungen. In: Bunse; Sabine; Hoffschildt, Christiane: Sprachentwicklung und Sprachförderung im Elementarbereich. 3., überarbeitete und erweiterte Aufl. München: Olzog, 95–130.

Itel, Nadine; Haid, Andrea (2020): Zweite Strategie: Schritt für Schritt den Wortschatz fördern. In: Löffler, Cordula; Vogt, Franziska (Hrsg.): Sprachförderung im Kita-Alltag. 2., aktualisierte Aufl. München: Ernst Reinhardt Verlag, 49–57.

Jakobson, Roman (1969): Kindersprache, Aphasie und allgemeine Lautgesetze. Frankfurt am Main: Suhrkamp Verlag.

Jeuk, Stefan (2003): Erste Schritte in der Zweitsprache Deutsch. Eine empirische Untersuchung des Spracherwerbs türkischer Migrantenkinder in Kindertageseinrichtungen. Freiburg: Fillibach.

Kaltenbacher, Erika (1990): Strategien beim frühkindlichen Syntaxerwerb. Eine Entwicklungsstudie. Tübingen: Narr.

Kannengieser, Simone (2019): Sprachentwicklungsstörungen. Grundlagen, Diagnostik und Therapie. 4. Aufl. München: Urban & Fischer.

Kempert, Sebastian; Edele, Aileen; Rauch, Dominique; Wolf, Katrin M.; Paetsch, Jennifer; Darsow, Annkathrin; Maluch Jessica; Stanat, Petra (2016): Die Rolle der Sprache für zuwanderungsbezogene Ungleichheiten im Bildungserfolg. In: Diehl, Claudia; Hunkler, Christian; Kristen, Cornelia (Hrsg.): Ethnische Ungleichheiten im Bildungsverlauf. Wiesbaden: Springer, 157–241.

Koch, Peter; Oesterreicher, Wulf (1985): Sprache der Nähe – Sprache der Distanz. Mündlichkeit und Schriftlichkeit im Spannungsfeld von Sprachtheorie und Sprachgeschichte. In: Romanistisches Jahrbuch 36, 15–43.

König, Werner (2011): dtv-Atlas. Deutsche Sprache. 17. Aufl. München: Deutscher Taschenbuch Verlag.

Kraus, Karoline (2005): Dialogisches Lesen. Neue Wege der Sprachförderung in Kindergarten und Familie. In: Susanna Roux (Hrsg.): PISA und die Folgen. Sprache und Sprachförderung im Kindergarten. Landau: Verlag Empirische Pädagogik.

Löffler, Cordula (2002): Analphabetismus in Wechselwirkung mit gesprochener Sprache. Zu Sprachentwicklung, Sprachbewusstsein, Variationskompetenz und systematisch fundierter Förderung von Analphabeten. Reprint. Aachen: Alfa Zentaurus.

Löffler, Cordula (2011): Dialekt und Standardsprache – sprechen und schreiben. In: Knapp, Werner; Löffler, Cordula; Osburg, Claudia; Singer, Kristina: Sprechen, schreiben und verstehen. Sprachförderung in der Primarstufe. Seelze: Friedrich Verlag, 180–192.

Löffler, Cordula (2020): Sprachförderstrategien im Schulalltag. Modellierungstechniken einsetzen und Wortschatz fördern. In: Fördermagazin Grundschule 2/2020, 8–12.

Löffler, Cordula; Itel, Nadine (2020): Dritte Strategie: Sprache modellieren. In: Löffler, Cordula; Vogt, Franziska (Hrsg.): Sprachförderung im Kita-Alltag. 2., aktualisierte Aufl. München: Ernst Reinhardt Verlag, 58–68.

Löffler, Cordula; Vogt, Franziska (Hrsg.) (2020): Sprachförderung im Kita-Alltag. 2., aktualisierte Aufl. München: Ernst Reinhardt Verlag.

Mackowiak, Katja; Beckerle, Christine; Koch, Katja; von Dapper-Saalfels, Tina; Löffler, Cordula; Pauer, Ina; Heil, Julian (2018): Sprachfördertechniken im Kita-Alltag: Zusammenhänge zwischen Wissen und Handeln von pädagogischen Fachkräften – Ergebnisse aus dem „allE-Projekt". In: Empirische Pädagogik, 32, 2, 162–176. (Peer-reviewed)

Mayer, Andreas; Ulrich, Tanja (Hrsg.) (2017): Sprachtherapie mit Kindern. München: Ernst Reinhardt Verlag.

Motsch, Hans-Joachim (2017): Kontextoptimierung. Evidenzbasierte Intervention bei grammatischen Störungen in Therapie und Unterricht. 4., völlig überarbeitete Aufl. München: Ernst Reinhardt Verlag.

Motsch, Hans-Joachim; Riehemann, Stephanie (2017): Grammatische Störungen. In: Mayer, Andreas; Ulrich, Tanja (Hrsg.): Sprachtherapie mit Kindern. München: Ernst Reinhardt Verlag, 151–226.

Motsch, Hans-Joachim; Rietz, Christian (2016): ESGRAF 4–8. Grammatiktest für 4- bis 8-jährige Kinder. Manual. München: Ernst Reinhardt Verlag.

Osburg, Claudia (2011): Semantik: Wörter und ihre Bedeutungen verstehen und gebrauchen. In: Knapp, Werner; Löffler, Cordula; Osburg, Claudia; Singer, Kristina: Sprechen, schreiben und verstehen. Sprachförderung in der Primarstufe. Seelze: Friedrich Verlag, 48–92.

Ramers, Karl Heinz (2015): Phonologie. In: Meibauer, Jörg; Demske, Ulrike; Geilfuß-Wolfgang, Jochen; Pafel, Jürgen; Ramers, Harl Heinz; Rothweiler, Monika; Steinbach, Markus: Einführung in die germanistische Linguistik. Stuttgart: Carl Ernst Poeschel Verlag, 71–119.

Reber, Karin (2009): Prävention von Lese- und Rechtschreibstörungen im Unterricht. Systematischer Schriftspracherwerb von Anfang an. München: Ernst Reinhardt Verlag.

Rohlfing, Katharina J. (2019): Frühe Sprachentwicklung. Stuttgart: UTB.

Rothweiler, Monika (2001): Wortschatz und Störungen des lexikalischen Erwerbs bei spezifisch sprachentwicklungsgestörten Kindern. Heidelberg: Universitätsverlag Winter.

Rothweiler, Monika; Ruberg, Tobias (2011): Der Erwerb des Deutschen bei Kindern mit nichtdeutscher Erstsprache. Sprachliche und außersprachliche Einflussfaktoren. München: Deutsches Jugendinstitut e. V. Weiterbildungsinitiative Frühpädagogische Fachkräfte (WiFF).

Sachse, Steffi; Bockmann, Ann-Katrin; Buschmann, Anke (Hrsg.) (2020): Sprachentwicklung. Entwicklung – Diagnostik – Förderung im Kleinkind- und Vorschulalter. Berlin: Springer.

Schönfelder, Mandy (2020): Vierte Strategie: Den Spracherwerb mit Fragen fördern und begleiten. In: Löffler, Cordula; Vogt, Franziska (Hrsg.): Sprachförderung im Kita-Alltag. 2., aktualisierte Aufl. München: Ernst Reinhardt Verlag, 69–76.

Selting, Margret; Auer, Peter; Barden, Birgit; Bergmann, Jörg; Couper-Kuhlen, Elizabeth; Günthner, Susanne; Meier, Christoph; Quasthoff, Uta; Schlobinski, Peter; Uhmann, Susanne (1998): Gesprächsanalytisches Transkriptionssystem (GAT). Aufgerufen am 11.11.2020 unter: https://www.mediensprache.net/de/medienanalyse/transcription/gat/gat.pdf

Szagun, Gisela (2019): Sprachentwicklung beim Kind. 7. Aufl. Weinheim/Basel: Beltz.

Tomasello, Michael (2008): Konstruktionsgrammatik und früher Erstspracherwerb. In: Fischer, Kerstin; Stefanowitsch, Anatol (Hrsg.): Konstruktionsgrammatik. Von der Anwendung zur Theorie. 2., unveränd. Aufl. Tübingen: Stauffenburg Verlag, 19–37.

Tracy, Rosemarie (2008): Wie Kinder Sprachen lernen. Und wie wir sie dabei unterstützen können. 2., überarbeitete Aufl. Tübingen: Francke Verlag.

Ulrich, Tanja; Penke, Martina; Berg, Margit; Lüdtke, Ulrike; Motsch, Hans-Joachim (2016): Der Dativerwerb: Forschungsergebnisse und ihre therapeutischen Konsequenzen. In: Logos, 24, 176–190.

Weinrich, Martina; Zehner, Heidrun (2017): Phonetische und phonologische Störungen bei Kindern: Aussprachetherapie in Bewegung. 5. Aufl. Berlin: Springer.

8. WASP-Analyseraster

Kopiervorlagen, S. 51-55

Für die Auswertung von Spontansprachproben zur Feststellung des individuellen Sprachstandes sowie möglicher Spracherwerbsstörungen eines Kindes befinden sich auf den folgenden Seiten die Kopiervorlagen der Analyseraster

WASP-P Phonetik/Phonologie
WASP-G Grammatik
WASP-S Lexikon und Semantik
WASP-PGS Screening

Zur Auswahl der Analyseraster vgl. Kapitel 4.4

WASP-P Phonetik/Phonologie

Name des Kindes	Alter (Jahre; Monate)	Datum der Erhebung	Untersucher*in

Kategorie	Beschreibung	Meilenstein I	Meilenstein II	Meilenstein III
phonetische Fehlbildung	Fehlbildung von Phonemen: Phonem wird durchgängig inkorrekt gebildet			
Strukturprozesse				
Aus	Auslassung (finaler) Konsonanten (außer RMK)			
RMK	Reduktion der Mehrfachkonsonanz			
VmW	Vereinfachung mehrsilbiger Wörter			
Epen	Epenthese: Phonem wird hinzugefügt			
VvSW	Verdrehung von Silben oder Wortteilen			
Ersetzungsprozesse				
Plo	Plosivierung: Frikative oder Affrikaten werden durch Plosive ersetzt			
Glot	Glottalisierung: Ersetzung eines Konsonanten durch /h/			
Ass	Assimilation: Phonem wird an ein anderes Phonem im Wort angeglichen			
Vor	Vorverlagerung: Phonem wird durch ein weiter vorne gebildetes Phonem ersetzt		/g/, /k/, /ʁ/	/ʃ/, /ç/
Leni	Lenisierung: stimmhafte Variante des Phonems wird verwendet			
Forti	Fortisierung: stimmlose Variante des Phonems wird verwendet			
Vok	Vokalveränderung			
Rück	Rückverlagerung: Phonem wird durch ein weiter hinten gebildetes Phonem ersetzt			
DeAff	Deaffrizierung: Affrikaten werden durch Frikative ersetzt			
Fri	Frikativierung: Vibrant, Lateral, Nasal oder Plosiv wird durch einen Frikativ ersetzt			
Aff	Affrizierung: Ersetzung eines Frikativs durch eine Affrikate			
Nas	Nasalierung: Phonem wird mit Beteiligung des Nasenraums gebildet			
Lat	Lateralisierung: Phonem wird durch den Lateral /l/ ersetzt			
Lab	Labialisierung: Phonem wird durch einen Labial ersetzt			
Summe der Zuordnungen zu den Meilensteinen				
Summe der Zuordnungen ohne Meilenstein				

WASP-G Grammatik

Name des Kindes	Alter (Jahre; Monate)	Datum der Erhebung	Untersucher*in
	;		

Kategorie	Beschreibung	Meilenstein I	Meilenstein II	Meilenstein III
Verbstellung				
V	Verb fehlt			
V2	fehlende Verb-Zweitstellung im einfachen Hauptsatz, d. h. Verb ist vorhanden, aber an falscher Position			
lrV	bei zweiteiligen Verben ist nur eine Verbklammer besetzt			
VF	Verbstellung in Fragesätzen falsch			
rVN	bei Nebensätzen ist rechte Verbklammer nicht besetzt			
Stellung von Funktionswörtern				
nein	Kind verwendet "nein" statt "nicht" (auch in falscher Stellung) oder Verneinung fehlt			
Präp	Präposition fehlt, falsch oder an falscher Stelle im Satz			
Pro	Pronomen fehlt, falsch oder an falscher Stelle im Satz			
Konj	Konjunktion fehlt, falsch oder an falscher Stelle im Satz			
Morphologie				
flek	Verb (Präsens) nicht oder inkorrekt flektiert			
Gn	Genusmarkierung fehlt oder nicht korrekt (auch bei Pronomen)			
Akk	Akkusativ inkorrekt gebildet bzw. Akkusativmarkierung fehlt			
Dat	Dativ inkorrekt gebildet bzw. Dativmarkierung fehlt oder Dativ wird durch einen anderen Kasus ersetzt			
Pl	Pluralbildung nicht korrekt bzw. Plural nicht markiert			
Perf	Perfekt inkorrekt gebildet			
Prät	Präteritum inkorrekt gebildet			

Summe der Zuordnungen zu den Meilensteinen			

WASP-S Lexikon und Semantik

Name des Kindes	Alter (Jahre; Monate)	Datum der Erhebung	Untersucher*in
	;		

Kategorie	Beschreibung	Meilenstein I	Meilenstein II	Meilenstein III
N_k	verwendete Konkreta			
N_a	verwendete Abstrakta			
VV	verwendete (Voll-)Verben			
HV	verwendete Hilfsverben: Auxiliare und Modalverben			
A	verwendete Adjektive			
uArt	verwendete unbestimmte Artikel			
bArt	verwendete bestimmte Artikel			
Präpo	verwendete Präpositionen			
Prono	verwendete Pronomen			
Funk	weitere verwendete Funktionswörter			
Summe der Zuordnungen zu den Meilensteinen				

Kategorie	Beschreibung	Äußerungen
Zeig	Zeigegeste	
WF	Wortfindungs- bzw. Zugriffsschwierigkeiten	
VStr	Vermeidungsstrategien	
Ers_ä	Ersetzen von Wörtern durch ähnlich klingende	
Ers_Um	Ersetzen von Wörtern durch Umschreibungen	
GAP	Verwenden von GAP-Verben (machen, tun etc.)	
PW	Verwenden von bedeutungslosen Passepartout-Wörtern für Nomen	
NLog	Neologismen (Wortneuschöpfungen)	
Zeit	Merkmale der Zeitstruktur: Verzögerungen, Unterbrechungen, Pausenfüller, unnötige Wiederholungen	
RL1	Rückgriff auf Erstsprache	

WASP-PGS Screening

Name des Kindes	Alter (Jahre; Monate)	Datum der Erhebung	Untersucher*in
	;		

Bereich	Kategorie	Beschreibung	Meilenstein I	Meilenstein II	Meilenstein III
Phonetik/Phonologie					
Phonetik	phonetische Fehlbildung	Fehlbildung von Phonemen: Phonem wird durchgängig inkorrekt gebildet			
Phonologie **Strukturprozesse**	Aus	Auslassung (finaler) Konsonanten (außer RMK)			
	RMK	Reduktion der Mehrfachkonsonanz			
	VmW	Vereinfachung mehrsilbiger Wörter			
	VvSW	Verdrehung von Silben oder Wortteilen			
Phonologie **Ersetzungsprozesse**	Plo	Plosivierung: Frikative werden durch Plosive ersetzt			
	Vor	Vorverlagerung: Phonem wird durch ein weiter vorne gebildetes Phonem ersetzt		/g/, /k/, /r/	/ʃ/, /ç/
	Leni	Lenisierung: stimmhafte Variante des Phonems wird verwendet			
	Forti	Fortisierung: stimmlose Variante des Phonems wird verwendet			
	Rück	Rückverlagerung: Phonem wird durch ein weiter hinten gebildetes Phonem ersetzt			
	Sonstige				
Summe der Zuordnungen zu den Meilensteinen					
Summe der Zuordnungen ohne Meilenstein					

Bereich	Kategorie	Beschreibung	Meilenstein I	Meilenstein II	Meilenstein III
Grammatik					
Verbstellung	V	Verb fehlt			
	V2	fehlende Verb-Zweitstellung im einfachen Hauptsatz			
	lrV	bei zweiteiligen Verben ist nur eine Verbklammer besetzt			
	rVN	bei Nebensätzen ist rechte Verbklammer nicht besetzt			
Funktionswörter	Funk_f	Funktionswort fehlt, falsch, an falscher Stelle im Satz		Pronomen, Präposition	Konjunktion
Morphologie	flek	Verb (Präsens) nicht oder inkorrekt flektiert			
	Gn	Genusmarkierung fehlt oder nicht korrekt (auch bei Pronomen)			
	Akk / Dat	Inkorrekte Bildung / Markierung von Akkusativ oder Dativ		Akkusativ	Dativ
	Pl	Pluralbildung nicht korrekt bzw. Plural nicht markiert			
	Perf	Perfekt nicht korrekt gebildet			
Summe der Zuordnungen zu den Meilensteinen					

WASP-PGS Screening

Name des Kindes	; *Alter (Jahre; Monate)*	*Datum der Erhebung*	*Untersucher*in*

Kategorie	Beschreibung	Meilenstein I	Meilenstein II	Meilenstein III
Lexikon und Semantik				
N_k / N_a	verwendete Konkreta / Abstrakta			
VV	verwendete (Voll-)Verben			
HV	verwendete Hilfsverben: Auxiliare und Modalverben			
A	verwendete Adjektive			
uArt / bArt	verwendete bestimmte / unbestimmte Artikel			
Funk	weitere verwendete Funktionswörter (Präposition, Pronomen, Konjunktion etc.)			
Summe der Zuordnungen zu den Meilensteinen				
Zeig / WF	Zeigegeste, Wortfindungsschwierigkeiten, Wortersetzungen, Umschreibungen etc.			
RL1	Rückgriff auf die Erstsprache			